文创品牌策划与推广

陈 凌 著

北京工业大学出版社

图书在版编目（CIP）数据

文创品牌策划与推广 / 陈凌著 . — 北京 ：北京工业大学出版社，(2025.10重印)
ISBN 978-7-5639-6941-8

Ⅰ . ①文… Ⅱ . ①陈… Ⅲ . ①文化产业—品牌—企业管理—研究—中国 Ⅳ . ① G124

中国版本图书馆 CIP 数据核字 (2019) 第 185360 号

文创品牌策划与推广

著　　者：陈　凌
责任编辑：邓梅菡
封面设计：点墨轩阁
出版发行：北京工业大学出版社
（北京市朝阳区平乐园 100 号　邮编：100124）
010-67391722（传真）　bgdcbs@sina.com
经销单位：全国各地新华书店
承印单位：三河市元兴印务有限公司
开　　本：710 毫米 ×1000 毫米　1/16
印　　张：9.25
字　　数：185 千字
版　　次：2021 年10月第 1 版
印　　次：2025 年10月第 4 次印刷
标准书号：ISBN 978-7-5639-6941-8
定　　价：40.00 元

前言

以文化创意探讨美好生活方式，让文创品牌的影响力为社会魅力加分，这是现在引发社会各界关注的话题。近些年，更多的人在谈论文化创意产业、文化创意品牌的时候，不仅仅去思考它们所能促成的商业模式，而是更多地去关注一个城市或一个地区文化创意产业对社会发展的具体影响。它们作为经济发展的重要动力，是国家竞争的软实力的突出体现，已经在全球范围内得到越来越多国家的政府层面的认可和推动。在坊间，文化创意产品，作为价值信仰或生活行为方式的载体，亦呈现出更为活泼、多元以及商业模式不断完善的发展态势。

文创品牌的塑造是包括文化产业与公共事业在内都必须要持续完成的重要内容。文创产业和品牌的实践者，在微观层面，把抽象的文化、价值、观念等要素，通过创意与智慧的加工，配合艺术手段的运用，具象到可以感知并具有实用功能的产品中去，唤醒了人们内心深处所认同的某种精神内涵，并找到了清晰的物质载体和情感交流的方向与方式。在社会层面，他们以个性化的角度理解自然、历史、社会、经济、工艺、技术等不同时空的文化要素，创造力成为文化表达的核心竞争力，并将其渗透于日常产品的细节中，期望建立某种具有深远意义的社会文化愿景。

文创品牌是文创工作者的最终理想，品牌的完成包含文化体系的建构，这套建构的体系里又包含人们在特定阶段对美好生活的需求、生存价值的体验、社会创新实践的思考等诸多新兴领域的话题，这些都是与文化领域和生存本质有关的深度思考。这些思考又影响着文创品牌的每一个创作与生产细节，从品牌视觉感官到产品功能的表达，再到营销推广与传播的渠道及方式。

文创品牌有其独特的感染力，它是一个社会在特定历史阶段或相当长久的时间维度里散发魅力的重要原因。它的呈现来源于滋养它的自然地理、历史传统、社会人文与现行机制。每一个文创品牌都具有鲜明的文化属性与时代特点，不仅如此，更为难得的是，这些文创品牌在具有地域、民族、文化差异特征的同时，又能够兼容多元审美价值观。

在探讨文创品牌策划与推广范畴的系列问题时有很多有趣的发现，当前，中国正处于经济与社会转型的关键时期，文创品牌的发展让社会的价值得以提升。将文化的发展与创新和“美好生活的追求与体验”结合起来，从城市到乡村，从政策解读到商业模式探讨，文创让审美价值呈现出多样性。在对当前国内外一些生命力极强或者个性表达非常有吸引力的品牌进行分析的同时，还要立足本国的较为活跃的文创产品和服务及代表性品牌、团队进行实证研究分析，并从技术创新、商业模式创新、产业融合等多个角度，对文化产业的创新路径做出探索性思考。笔者希望更多的业界学者包括专业人才能够将理论与实践结合起来，更深入地了解文创品牌建设的重要性。

目 录

第一章　文创品牌

第一节　品牌的内涵

随着社会的发展，商品本身的物质属性逐渐变得不那么重要，面对目标消费群体，经过精心加工且附加在商品上的价值观念、审美品位、文化修养等精神属性则逐渐成为消费者购买商品的决定性因素，消费者对商品的需求，从原始的物质消费向精神消费转变。品牌的内涵由当初单纯的视觉识别符号演变为集识别功能、信息浓缩功能、安全功能、价值功能于一体的品牌理论。探其根本原因，是由于市场需求（消费者对于商品的需求）从物质消费到精神消费的转变。

由于品牌自身的内涵在不断发展和演变，对其所做的定义也在不断地发展和变化。直到今天，在营销界和广告界仍然没有相对统一且大家公认的品牌定义。品牌不仅是商品的名称和标志，还是一个商品所体现出来的综合的形象以及它在消费者心目中的形象和所具有的社会属性的象征意义的集合。品牌包含多方面的内容，集中体现为以下几点：属性、利益、价值、文化、个性以及用户。

从企业角度来说，品牌是企业组织以其优质的商品或服务为载体，以商品的功能属性以及精神属性为诉求，通过各种营销和传播活动与目标消费者建立彼此相互认同的，并为双方带来利益的关系总和。对于这种描述，可从以下几个方面加以理解：

第一，品牌是一种关系，这种关系必须以消费者为中心。品牌的存在与价值体现在品牌与消费者的关系之中，这种关系不是单方获益的关系，而是能够给双方创造价值、带来利益的共生双赢的关系。第二，品牌商品具有三重基本属性，即商品的内在属性、商品的精神属性以及有别于其他商品的外在属性。商品的内在属性是品牌载体的基础，它以优异的品质为前提，并且能够满足消费者的物质需求。商品的精神属性是品牌载体的核心，它以独特的文化和价值观念为诉求，以满足消费者的精神需求。商品的外在属性（识别系统）则有助于消费者对品牌形象与品牌个性的认知和理解。第三，品牌的价值在于传播。这里的传播包括所有与消费者沟通的环节，如产品设计、包装设计、定价策略、销售推广、广告创意、公共关系、新闻报道、人员直销、展会营销等。这些传播活动一方面可以加强目标消费者对品牌的全面认知，另一方面其费用可以转化在品牌形象的营造之中，从而形成品牌的一部分资产。

品牌的精神属性是品牌构成的核心要素，包括消费者品牌传播的各种形式。这种属性一方面源自商品在生产、交换和使用过程中所表现出来的象征性，另一方面源自商品的双重属性。大多数商品本身就具有双重属性，也就是物质性和精神性的统一。消费者用自己的货币交换商品是因为商品可以满足人们的某种需要，即交换的前提是商品必须具有使用价值。另外，商品在生产过程中又必然凝聚了生产者的劳动外化，这也就是商品属性的“客体化”过程，此过程的外在表现形式即价值呈现。因此，商品具有使用价值和价值双重属性。使用价值体现人与自然的关系，这一关系在品牌的结构中就体现为品牌的内在属性；价值则体现人与人的关系，这一关系即构成品牌的精神属性的主体内容。

商品既是物质的、客观的，又是精神的、主观的；商品既具有实用性与功能性，又具有符号性与象征性，商品是这两种属性的对应统一体。不过，商品的双重属性（物质性与精神性）之间的关系是以物质性和功能性（使用价值）为基础的。比如汽车，消费者购买的理由首先就是汽车是能够代步的交通工具，但与此同时，商品的价值更多的并不是体现在其物质性和功能性上，而是体现在其社会性和象征性上。同样是汽车，消费者在选择购买前，除了需要了解品牌汽车的诸项功能性资讯之外，还需要明确汽车的品牌属性以及汽车品牌所定位的目标客群。

人们会通过对品牌的消费来确定自身的社会意义和个人意义，只不过在现今的商品社会中，这种对品牌意义的获取被进一步放大。品牌对人们之所以重要，并不仅仅是因为品牌所具有的内在属性，更是因精神属性在社会关系里所具有的符号意义。凡是受众所见到认识到的每一样产品，都会在心理诉求上要求其在符号意义上进行解释，如果没有得到价值上的深入阐释，受众就会为其价值的实现减分，至少在品牌认可度上会大打折扣。在所有的文化形态里，在任何时间，正是这种使用性与符号性的相互交织，为人与物普遍关系的形成提供了具体的发展条件。所以不能把消费行为仅仅局限在消费者对商品的物质性（功能性）需求的经济层面，而应该把人的消费行为看成某种文化模式的物化形式，人们通过拥有豪宅别墅、高级轿车、世界奢侈品品牌时装、瑞士名表等商品来彰显自身的身份、地位，并期望借此进入阶层社会得到身份的确认，人们之所以需要品牌，其实就是因为品牌可以显现某些文化成分，并让文化得以继承和延续。从文化学的角度看，品牌在使用过程中实际上不知不觉地承担了传播者的角色。因此在大多数情况下，消费者对品牌的使用是一种展示自我并与他人形成对照的社会活动，品牌的这些符号意义大都是由广告所转化的，刚出厂的产品显然没有能力传达其意义，是广告使产品具备了这样的能力，广告不仅仅是传播品牌内在属性的一种手段，更是赋予品牌某些丰富意义的符号牌制造者。也正是广告，才让品牌成为有意义的“传播者”。

品牌的外在属性是由企业所赋予商品外在的、有别于其他同类商品的识别性符号所构成的，包括品牌名称、包装以及商品价格等。其中品牌名称对于消费者所产生的影响和作用主要取决于四个方面：品牌商品在出售之前其内在属性被消费者感知的程度；品牌精神属性所彰显的社会形象与象征意义；品牌的广告规模与投放量；与品牌相关的其他信息。品牌的外在属性对消费者的影响程度与消费者在购买商品之前能否感知品牌的内在属性密切相关。如果消费者在购买商品之前无法感知品牌商品的内在属性，那消费的体验感就很糟糕了。此外，品牌名称对消费者所产生的作用与品牌商品的广告规模密切相关，一方面，虽然可以通过较大规模的广告传播向消费者或潜在消费者了解品牌商品的相关信息，但对于信息的提取是希望消费者或潜在消费者对品牌商品的内在属性和精神属性有更多的认知；另一方包装对品牌的意义也是非常重要的。设计体现美感，通过产品的包装设计扩大品牌的知名度和提升品牌形象，使受众对消费品牌名称产生较为深刻的印象，进而使目标消费者在评价品牌商品时能够凭借品牌体验与感知做出选择判断。从实际的情形来看，当消费者在若干包装材料呈现的品牌之间判断选择时，往往更倾向于那些投放了更多广告且知名度更高的品牌，因此广告投放规模的大小，在很大程度上可以影响消费者对品牌商品的判断。

第二节 文创品牌的内涵

真正的文创品牌，以提供文化产品或服务为基础，以提升国民文化素养为目标。在探讨文创品牌内涵的同时，我们需要厘清以下相关概念。

一、文创与产品的定义

（一）文创的概念

文化是凝结在物质之中又游离于物质之外的，能够传承的国家或民族的历史、地理、风土人情、传统习俗、生活方式、文学艺术、行为规范、思维方式、价值观念等，它是人类相互之间进行交流的普遍认可的一种能够传承的意识形态，是对客观世界感性上的知识与经验的升华。笔者从狭义角度将其总结为，“受到某群体广泛认知，并形成群体思想与行为系统的精神与物质内容”。而“创意”是创造意识或创新意识的简称，它是指对现实存在事物的理解以及认知，所衍生出的一种新的抽象思维和行为潜能。创意是传统的叛逆，是打破常规的哲学，是破旧立新的创造与毁灭的循环，是思维碰撞，智慧对接，是具有新颖性和创造性的想法，不同于寻常的解决方法。文创可以理解为——以创新的方式（主要通过美术、文学、音乐等艺术方式）对原有内容进行再解读与创造，即文创的概念为基于具备广泛受众并系统化的文化主题，通过创新的方式进行再解读与创造（即创意转化）的行为过程与相关产物。

（二）产品的概念

产品的概念有广义与狭义之分，产品的狭义概念指一种具有特定的物质形状和用途而被生产出的物体；产品的广义概念则指一种能满足人类某种需求和利益的物质实体或非物质形态的服务。

二、文创产品的概念

根据对文创与产品的概念界定，对文创产品总结出以下定义：“源于文化主题，经由创意转化，具备市场价值的产品”。以此概念中的三个方面，可基本明确文创产品的概念，笔者将围绕“文创产品 3C 共鸣原理”展开探讨：

狭义的文创产品与广义的文创产品，共同具备了“源于文化主题，经由创意转化，具备市场价值”的特点，两者以广义与狭义的“产品”概念进行区分。因此，狭义文创产品与广义文创产品的区别为，前者是符合文创产品特点的物质化产品，而后者是同样符合文创产品定义特点的，任何能够满足人们需求的物质实体与非物质形态的服务。文创产品常以城市标志的形式被称作“带得走的文化”，其中“带得走”已经表达了“物质化”的定位。而狭义的文创产品则指的是具体呈现出来的产品及服务的物化形式，他们的载体与媒介往往引发更多关注。

为了标准化、便捷化地表述、理解一个文创产品或一个文创品牌的产品系列，我们可以按照这样的逻辑——“文化＋主题＋创意特点／风格／类型＋项目名称＋产品分类”的方式进行表述；为实现便捷化认知，我们以“主题＋文创产品／品牌”的方式进行文字简称表述。比如“六朝颜论”文创品牌，全称为“文物文化—南京人面瓦当主题—幽默水彩画风格—六朝颜论—IP 衍生型”文创产品，也可以被称为“南京人面瓦当”主题文创产品。

三、文创产品与创意产品、旅游纪念品、艺术衍生品的区别

顾名思义，文创产品的全称为“文化创意产品”，比创意产品多出“文化”二字，参考“文创产品”定义的第一条“源于文化主题”可将两者区分。例如，同样是创意形象，获得“昭苏县旅游商品创意设计大赛金奖”的“乌孙和亲”吉祥物形象，与全球风靡的动漫形象“机器猫”（图 1-2-1），同样经过时尚的设计进行创意转换，而前者来源于中国外交历史文化——受到某群体广泛认知，并形成思想与行为系统的文化，所以我们称前者为文创形象，而后者为创意形象。

图 1-2-1　机器猫

文创产品与旅游纪念品的区别体现在，文创产品以旅游纪念品方式进入市场，由于本土文化往往以旅游业进行传播，所以当下很多源于本土文化的文创

产品具备旅游纪念品属性，可理解为旅游纪念品的一种，也是近几年旅游纪念品行业的生力军。而旅游纪念品，还包含着传统的各类具有本土化特色的产品，如手工艺品 / 土特产礼品等。

文创产品与艺术衍生品的区别在于，其中“IP 衍生型”文创产品，同时可以理解为以文创内容为核心的衍生品，与艺术衍生品有部分交集。我们将艺术衍生品简单分为“直接衍生”与“创意衍生”两类，当艺术作品本身负载“文化”时，进行“创意衍生”，所产生的产品，属于文创产品。而“直接衍生”型的艺术衍生品，或当艺术本身不具备品牌要求的“文化”概念时，这类艺术衍生品不属于文创产品。

第三节　文创产品的分类

关于文创产品的分类问题，出发点不同，分类方式也不尽相同。从文创产品开发的角度，可以以“文创内容”“产品载体”“结合方式”三个基础内容作为分类的条件，进行分类阐述。其中，文创内容指源于某种文化主题的创意内容（以画面或文字为主），如源于颐和园文化主题的创意形象及其相关的画面与文字。而产品载体则是指，文创产品未负载文创内容情况下的产品本身，如颐和园文创形象与相关画面所衍生出的文具、玩具、家具等衍生产品的载体。在很多情况下，文创内容与文创载体相结合亦是创意的亮点之一。

以“文创内容”与“产品载体”“结合方式”三个基础作为分类的条件，文创产品分为“一体型”文创产品与“IP 衍生型”文创产品两大类，其中“一体型”文创产品是以“文创内容”“产品载体”“结合方式”的融合作为核心特点的。“一体型”文创产品指的是：某种文创内容与其对应的产品载体及结合方式，以特定的关系结合为一体，同时，其中的文创内容脱离此种关系的产品载体后无法独立存在，或无法再次与其他广泛的产品载体进行结合，因此“内容、载体、方式”三种条件形成了特定“一体化”关系，如工艺品与艺术创作，我们都可将其归类于广义的“一体型”文创产品。此类文创产品，多以产品载体特性出发，其中文创内容则需根据载体特性以特有方式融入载体。此类文创产品本身所体现的文创内容与结合方式的创意，作为此类“文创”价值核心。而此类型文创产品中的“文创内容”往往难以展现在其他领域进行拓展应用。例如，杭州 G20 期间的杭州文化主题文创餐具“西湖盛宴”（图 1-3-1），以杭州西湖文化为背景，创作出工笔兼写意的画面（文创内容），再以创意方式巧妙应用于餐具结构上，并将“三潭印月”中的石塔形象创意设计在半球形的尊顶盖结构上（文创内容与结合方式），通过中国独有的江南文化与瓷器产品进行创意的艺术结合，整体展现了中国江南的文化气韵。但是，“西湖盛宴”这套文创产品中的文创内容与结合方式，很难以同样方式应用于其他产品载体上，因此归类于“一体型”文创产品。再如，获得全国旅游纪念品设计大赛一等奖的作品“徽派文化便笺纸”（图 1-3-2），将徽派建筑的元素与水墨艺术的风格进行融合作为文创内容，与便笺纸这种载体进行结合，以特殊工艺效果作为文创内容与产品载体的结合方式，因此亦归类于“一体型”文创产品。

图 1-3-1　西湖盛宴图

1-3-2　徽派文化便笺纸

“IP 衍生型”文创产品则是以“文创内容”为核心的，“结合方式”起辅助作用。“IP”，即知识产权，也被称为“知识所属权”，指“权利人对其所创作的智力劳动成果所享有的财产权利”。这里提出的“IP”特指以“文创”所创造的“文创 IP”。“IP 衍生型”即从“文创 IP”创作内容特色出发，衍生应用于市场现有产品载体上，结合方式基本以在产品载体原有形态上进行表面结合（如通过印刷、雕刻等工艺），应用方式不改变产品载体原有特定结构。如清代皇家文化“故宫猫”主题品牌文创中（图 1-3-3），以皇帝与猫的形象进行重构，以国际性流行的配色，设计成 IP 形象，进而以此 IP 形象作为“文创内容”的公仔、文具、手机壳等（图 1-3-4、图 1-3-5）。又如，“妙手回潮”文创团队开发的关于中国传统节气民俗文化主题文创品牌中，将二十四节气文化内容通过手绘进行视觉元素提炼，并赋予时尚感的色彩进行创意转化设计，所形成的创意元素作为“文创 IP”即文创内容，进而以创意的方式衍生在背包、日历、手机壳、鼠标垫等产品载体上，因此同样属于“IP 衍生型”文创产品。

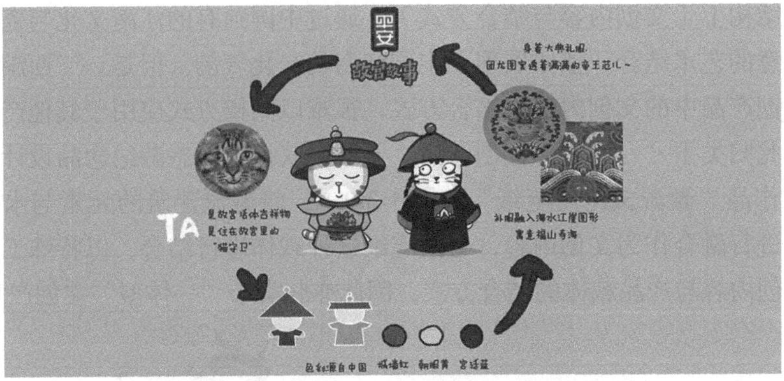

图 1-3-3　故宫猫

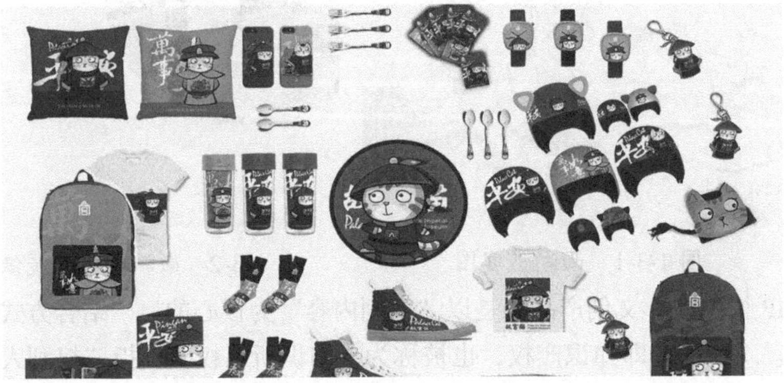

图 1-3-4　“故宫猫”主题品牌文创一

图 1-3-5　“故宫猫”主题品牌文创二

另有一种文创产品，介乎于“IP 衍生型”与“一体型”文创产品之间，其特点为从“文创 IP”内容特色出发，应用于非市场现有产品载体的创新产品上，或基于现有产品载体，在结合方式上进行部分创新。例如，由本艺视觉团队开发的南京雨花台文创项目中的“烈士诗歌文创灯具”，再如南京文物文化一人面瓦当主题文创品牌“六朝颜论”中的瓦当台灯等。这些具有品牌价值的产品更强调设计感与实用性之间的关联，从而产生市场竞争力。

“文化主题 + 创意转化 + 市场价值”是文创产品的三大显著特性。文创产品的消费属于典型的“感性消费”，而感性的消费可以说源自消费者之间精神的共鸣。共鸣是指与消费者的消费需求之间的呼应，也指思想上或是情感上相互感染而产生的情绪。主题的选择是文创项目影响力的源头，如文化主题本身具备“引发群体共鸣”的属性，则文创项目的开发已经拥有了优势。文化主题分为普适型文化主题（已拥有广泛认知）与潜力型文化主题。其中，（1）普适型文化主题，即为已具备广泛受众认知与文化共鸣的文化主题，如文学名著、艺术名作、历史典故、著名人物、风景名胜、国宝文物等。例如孙悟空，在百姓心中一直具备极强的号召力，因此相关文化作品在国内外层出不穷，如电影《大圣归来》《哪吒》等。（2）潜力型文化主题，即具备引发群体共鸣潜力的文化主题，如本土文化、民俗文化、非遗文化、时尚文化、亚文化等。很多文化旅游胜地的少数民族风情民俗服务都是通过亚文化的独特性，以及在特定的旅游环境下通过视觉化体验得以推广的。

“创意共鸣”是以创意的方式进行转化并产生共鸣。转化是动作，创意是方法，“创意转化”是核心，而“创意共鸣”是过程与结果。其根据创意方法的不同，可引发不同类型受众的关注，而创意技法的高低亦影响了受众共鸣的程度，另外，当某种“文化主题”的认知度较低，即已产生的“文化共鸣”较弱时，“创意共鸣”将发挥更大的价值。“创意转化”分为时尚型创意转化与经典型创意转化。

（1）时尚型创意的优势：容易形成热点、爆点，作为新的风向标，在一段时间内引领文化传播的方式。其劣势：容易过时，经不起回味。例如，“中国年纪念礼品设计大赛”的获奖作品“客家时代”文创手机壳，将客家文化元素土楼的形象与手机壳的结构进行重构，进而实现了客家文化的时尚化表达，同时让手机壳具备了耳机绕线器的功能。

（2）经典型创意的优势：经久不衰、耐人寻味。其劣势：容易固化，难以与时俱进。例如，张艺谋率领的大型实景演出团队，从《印象丽江》到“印象系列”（图 1-3-6），表达出中国山水画中的东方人文意境，并借此将中国文化打造成为景区重要输出文创产品，带来极为丰厚的品牌及市场回报。

图 1-3-6　印象丽江

市场共鸣即文创产品通过对文化主题的挖掘、文化创意的转化所形成的产品的市场价值的综合体现。市场共鸣并不是一个结果，而是整个过程，即完成产品的研发生产之后，与市场互动的过程与结果，可理解为文创的市场营销、品牌营销，如故宫淘宝通过自媒体的营销，所获得的文化影响力与商业价值等成就，故宫文创产品的“市场共鸣”引发热议，成为现象级的案例，不得不说，一系列动作的合力才促成了品牌的市场影响力。

第四节　文创业态的特性

文创业态具有天然的文化和艺术特性，与当前的体验式消费趋势深度契合，因而成为众多城市商业或旅游景区提升整体调性、满足消费者精神需求的“金字招牌”。与此同时，互联网浪潮催生出更多商业发展可能性，通过跨界融合、社群运营、科技赋能等方式，文创品牌不断实现革新升级。

（1）跨界融合，复合化经营成为“主旋律”。众多文创品牌围绕顾客体验，打造功能复合、跨界经营的商业空间，以满足多种消费需求，摆脱单一盈利结构。典型品牌如“言几又”“BROWNIE Gallery Store”“开心麻花剧场院线”等均融合了多种业态。

（2）破解“流量困局”，新媒体 IP 实体店崭露头角。购物中心引入自媒体名人实体店成新趋势，自带流量和话题性的内容 IP 品牌为项目注入全新“血液”。如“一条”“十点书店”“日食记”等均为近年来落地实体的自媒体文创品牌。

（3）发力社群经济，小众品牌逐渐走俏。多个文创品牌着眼于具有共同需求、兴趣爱好的消费圈层，从产品和活动运营上发力，激活社群商业价值。

典型品牌如“BBICN”和“日日煮”，分别打造了模玩粉丝和烹饪爱好者的聚集地。

（4）科技点燃“文创经济”新动能。互联网、大数据、人工智能等科技手段，为文创品牌发展注入强大能量。如“西西弗书店”“WeWork”利用大数据更精准地洞察消费者的需求，优化消费体验；“创想实验室”则集合人脸识别、虚拟试穿等“黑科技”，打造“未来商业”体验场。

文创业态的发展，呈现出场景“创”颜值高度，科技“创”新型服务的特点。

以书店为例，众多书店品牌在场景设计上“脑洞大开”，如“言几又”打造了极具科技感的广州K11黑金旗舰店，以及中国传统美学风格的西安迈科中心旗舰店；“钟书阁”贵州云上方舟店以地方特色喀斯特地貌为主题，融入山水、溶洞、少数民族图腾等设计元素；保利地产旗下的“三乐文创书屋”则打造了充满艺术气息的三层独栋书店。基于大数据及新技术，进行精准化、个性化选品，“西西弗书店”利用大数据，把读者和书做数据化匹配，并分析书店所在商圈和消费能力，为书店选品提供更精准的参考；“心居地”则基于会员服务系统上读者的心愿书单，完善附近门店书籍资源，提供个性化的图书服务。读书类线上平台走向线下，塑造新奇消费体验（图1-4-1、图1-4-2）。“十点书店”为自媒体“十点读书”的首家线下店，门店以极富创意的“听书装置”呈现线上音频内容；“樊登书店”则是会员超过800万人的线上知识付费平台“樊登读书会”的实体书店，书店设置视听体验区等特色区域，且以高频的读书会活动聚集大量客流。

图1-4-1　书店一

图 1-4-2　书店二

图 1-4-2　书店二

品牌独特亮点成为文创品牌得以可持续发展的基础。“言几又”是新派书店的代表，目前在全国拥有约 60 家门店，已进驻上海长宁来福士广场、广州 K11 等购物中心。2018 年 12 月品牌已获得过亿元 B+ 轮融资，2019 年重点在一二线城市布局 20 家新门店。“言几又”通过为空间注入创意语言，不断重构消费场景，从而为消费者创造新鲜感和兴趣点。如 2018 年 12 月在西安迈科中心落地的旗舰店，以大明宫宫殿建筑为设计主题，打造了数个不同风格的 GIFT BOX 房间，消费者可依据喜好自由地游览；自 11 月初试营业以来，该店日均客流量能超 5000 人，其中有 30% 能形成消费转化。

“言又几”以文化为牵引，串联起图书、咖啡厅、文创产品、展览空间、主题餐厅、精品超市等多种业态。当前正在规划中的“成都言几又国际文创中心”还将融入智能办公空间、主题酒店及公寓。复合经营带来多层次的盈利结构，目前在“言又几”的销售额中，图书和文创产品占比约为 40% 和 30%，2019 年将二者调整为 20% 和 50%，进一步优化盈利能力和回本周期。

“樊登书店”是知识付费平台“樊登读书会”的线下书店，目前已在全国拥有 200 余家店，仅 2018 年新开门店数量就超过 100 家，迅猛的拓展速度主要得益于其线上积聚的高忠诚度的庞大社群——会员总数已超过 800 万人。品牌定位新零售模式下复合业态的精品社区书店，为会员提供包括线上知识学习产品、线下提升课堂内容以及学习生活场景应用等服务，旨在以线下体验空间为会员提供附加价值，增强会员黏性，同时利用线下为线上导流，不断为社群注入新活力。门店集合书籍、咖啡、文创等业态，其中书籍以“樊登读书会”

中解读过的书为主，并设有视听体验区和活动沙龙区等特色区域，打造线上线下全方位阅读及交流模式。高频次的“线下活动”是书店的一大特色，讲座、读书会、主题活动等成为其激活社群的利器。樊登书店目前正积极推进“千城万店”计划，计划五年内在全球1000余座城市开设超过1万家实体书店。

“心居地”是佳兆业集团在2018年落地的书店品牌，目前在广州已布局3家门店，最新门店于2018年11月在广州IFC开业，营业首日书店客流突破2万人次，销售额逾1万元。未来计划拓展粤港澳大湾区市场，2019年将门店数量增至20家。“心居地”首次提出“文化便利店”的概念，旨在让消费者以最便捷的方式接触阅读、爱上阅读，为此书店从选址、品类、个性化服务和书籍流动方式上做了差异化布局：（1）书店定位白领和年轻群体，选址着重于中央商务区以及人口密集的社区，以最大限度触达核心客群；（2）门店面积在150m^2左右，囊括了图书、香薰、花卉、饮品等品类，且同亚马逊达成合作，会员可在线下书店和kindle电子图书馆，共享逾4万册图书借阅体系；（3）通过会员制服务平台对会员的心愿书单进行跟踪，将附近读者的阅读和预约需求整合呈现在最近的门店，满足日益个性化的消费需求；（4）创新式打造了线上线下二手书交易，且开通了广州市内快递到家的服务，大幅提升了图书利用率和消费便捷程度，向打造文化网络服务体系迈进（图1-4-3）。

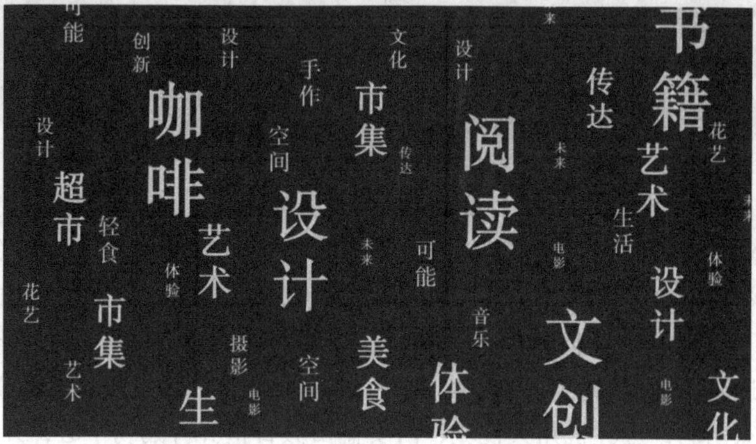

图1-4-3　“心居地”书店定位关键词

而在文创产品的发展趋势中，加码IP转化，强化稀缺感，激活社群经济让文创业态呈现出年轻化、潮流化的特征。随着90后、00后“二次元”群体的崛起，动漫IP衍生品市场蓬勃发展。多个文创产品品牌以丰富的形式进行IP商业转化，囊括了潮流玩具、生活用品、餐饮、主题活动等内容。如“萌奇IP生活馆”采取“文化衍生品＋轻餐饮”模式，“IPSTAR潮玩星球”融合IP

周边、餐饮以及角色扮演等体验活动。不仅如此，以限量、定制概念，制造稀缺感、激发购买欲也是文创业态特别是以产品零售为主要运营方式的营销推广的重要策略。八音盒品牌“Wooderful life”推出常规款和限量款八音盒，以及可供自己动手做打造专属铃音的八音盒零件；立体拼图品牌“3D.JP”提供私人定制的图案和设计，让拼图融入消费者的创意和情感；日本高达模型品牌“高达基地”于2018年8月在上海开出中国首家分店，店内出售模型均为限定版。“精准打入小众圈层，玩转社群经济”是文创业态发展的又一趋势，“BBICN”于2018年落地首家模玩旗舰店，门店汇集国内外知名品牌的各种模玩产品，并举办各类玩家聚会活动，打造模玩爱好者的聚集地（图1-4-4）。

图1-4-4　模玩产品

“Moleskine”通过将产品和凡·高、海明威、毕加索等名人相联系，赋予笔记本独特的文化品位，成功俘获高知人群。“范ER”是自在FUN艺术生活馆旗下的艺术自主体验空间，将艺术与新零售相结合，以高颜值和新形式受到大众追捧。自2017年创立以来，“范ER”已在北京、杭州、成都等城市开设了8家门店，进驻杭州大悦城、西安益田假日世界等购物中心，并在2019年在多家城市全速铺开。瞄准新时代消费者对时尚和美学的消费诉求，“范ER”与全球众多艺术家、设计师签约合作，引入了新颖、丰富的艺术衍生品、设计师产品、匠人作品等产品，种类囊括艺术家大型雕塑、原创设计手机壳、家居用品、服饰配饰等，定价从十几元至几万元不等，满足了喜爱艺术的不同消费群体。“范ER”采取线下体验、线上消费的新零售模式——线下门店承担产品展示、消费者体验的功能，导流至线上自在FUN电商平台实现交易，持续推动线上渗透率的增长。消费者在门店通过扫码在线上查看样品介绍，并完成购买、支付，场地运营方无须仓储、专设导购和售后服务，发货、售后全由“范ER”总部承担。

“IPSTAR潮玩星球”是IP衍生品服务商艾漫旗下的线下新零售品牌，自2017年创立以来，已在北京、上海、杭州开设了6家门店，进驻北京西单大悦城、上海徐汇日月光中心等购物中心。品牌依托艾漫拥有的300余个IP资源，将传统单一的零售模式，拓展为融合IP周边、餐饮以及角色扮演等体验活动的立体化、主题化消费体验，为门店提供了多个盈利点。目前品牌单店的库存保有单位（SKU）接近300个，每月推出近100款新品，消费者提袋率高达80%，每个门店月均销售额达20万元。品牌在和购物中心的合作过程中，探索出多种灵活模式:（1）重点发展长期店的租赁模式，品牌自主选择IP进行包装，平均2个月左右进行主题轮换；（2）和购物中心或IP联合经营，快闪店是主要展现形式，目前推出的阴阳师、时之歌等IP主题快闪店均受到粉丝的热捧，为品牌和商场带来了可观流量。“IPSTAR”潮玩星球已于2018年完成两轮融资，最新估值接近2亿元。未来一年，品牌预计将继续在一线城市、核心商圈拓展更多门店。“BBICN”创建于2003年，是集模玩测评、互动、贩售于一体的网站，品牌于2018年10月开出首个线下旗舰店，进军上海首家以动漫为特色的购物中心——中庚漫游城，得到了众多模玩爱好者的热捧。2019年，品牌预计将继续深耕上海市场。品牌旗舰店运用星际、飞船、动力引擎等设计元素，打造了星球大战、魔兽等漫画英雄，以及1∶6可动人偶等主题区域，汇聚了众多国内外知名品牌的模玩产品。各类模玩在主题空间内得以故事化的呈现，呈现沉浸式的消费体验。“BBICN”注重深耕模玩粉丝群体，门店在零售贩卖之外，还将模玩文化推广和粉丝体验放在优先位置。旗舰店每3个月会举行各种玩家聚会活动，为模玩粉丝提供分享、交流和聚会的线下空间，从而不断强化消费者对品牌的信任感和黏性。

跨界复合店成为文创业态发展的新玩法，重塑生活方式，刷新互动场景，买手制兴起的营销套路，让品牌影响力迅速扩大。贩卖生活方式成跨界复合店“新常态”。“伍台”以年轻潮人的生活方式为核心，将街头美食、精品零售、现场娱乐、艺术展览、青年社交等集为一体；“ICICLE SPACE”主打“人与自然和谐共生”的当代生活方式，空间大量运用原木元素，和ICICLE品牌对衣服原料源自自然的理念相呼应。不仅如此，互动场景丰富，凸显趣味性和科技感，吸引了市场消费者的注意。“泰迪珍藏”IP主题店“Teddy & Friends

House”打造增强现实（AR）沙盘、情景小屋、星座走廊灯多个互动场景，有效活跃了门店氛围、提升了客流量；宝龙地产在2018年推出的“创想实验室”，则集合了人脸识别、虚拟试穿、无人零售、机器人等热门技术，一经亮相便引发广泛关注。追求个性化，买手制模式兴起使得很多自媒体大号品牌流量快速变现（图1-4-5）。自媒体“一条”的同名实体店“一条”采取买手制模式，直接对接设计师品牌，门店汇聚了2000多个品牌，一半国内，一半海外。

图1-4-5　跨界复合店

“穷游旅行美术馆”不仅售卖自营的JNE系列旅行装备，还汇集了专业买手搜罗全球而来的旅游文创周边产品，更好地展现了旅行的独特魅力。“声音小镇”创立于2012年，是一家“贩卖声音”的音乐潮品集合店，目前在上海、杭州等地均有布局，已进驻上海世贸广场、杭州嘉里中心等购物中心。2019年品牌计划在北京、上海等地开设更多门店。“声音小镇”从多维度深入挖掘音乐“发烧友”的需求，打造视、听、唱、娱等多元立体化的音乐体验，从而实现品牌差异化突围。在门店设计上采用极具辨识度的黑白复古风，产品囊括了黑胶唱片、CD、音响、乐器、周边产品、咖啡等。此外，还设置了百万元级别的高规格录音棚，并不定期举办黑胶沙龙、音乐人签售等活动，满足消费者对歌曲录制和互动娱乐的体验诉求。品牌于2018年9月落地的上海世贸广场旗舰店，开辟了Hi-Fi黑胶馆、超级品牌馆等6大场景，单品类SKU达到3000个，为消费者“解锁”了更多音乐体验。此外，门店还以“国庆弹唱会”“围炉音乐会”等活动形式，打造音乐爱好者的交流平台，持续深化社群运营。“穷游旅行美术馆”于 2018 年 12 月在上海新天地广场开业，这是穷游网打造的全球首家旅行生活方式旗舰店，未来预计将有更多门店在一线城市落地。“穷游旅行美术馆”融合了旅行灵感、装备、达人社区，以及深度文化呈现的“一期一会”，完整覆盖了旅行攻略、旅行产品、旅行结束的文创周边，为旅行爱好者提供了全方位的解决方案。其中旅行产品囊括了穷游网自营的 JNE 系列旅行装备，文创周边则不乏专业买手在全球各地收集而来的精品（图 1-4-6）。创立于 2004 年的穷游网调性“小众精致”，拥有高黏性、高购买力的优质垂直社群，“穷游旅行美术馆”也将这种“社群文化”带到线下。如馆内有一面世界地图是由旅行达人众筹的冰箱贴组成的，易于引发观者的情感共鸣；在线下举办著名旅行达人故事分享的沙龙会等互动活动，提高消费者的活跃度和黏性。

图 1-4-6　穷游旅行美术馆

“创想实验室”于 2018 年首店在上海七宝宝龙城市广场开业，是宝龙地产旗下探索黑科技和无界零售的“新物种”。实验室以蒸汽时代背景下的工厂为设计原型，在 730m^2 的空间内，集合了人脸识别、虚拟试穿、无人零售等技术，黑科技和未来感十足，一亮相便引发广泛关注。“创想实验室”通过为入驻品牌提供空间及个性化服务，进行多业态联合与资源对接，从而实现协同效应，实现商业价值（图 1-4-7）。目前京东金融、滴滴出行、普渡送餐机器人、YOGO 移动物流机器人等多家企业都已进驻“创想实验室”，覆盖了商品生鲜、个性化消费、亲子教育、严选零售等领域。“创想实验室”作为新零售、新科技的试验场，为宝龙商业生态圈注入全新活力，未来预计将有更多门店走进购物中心。

图 1-4-7　创想实验室

DIY 手工坊的兴起，满足入门级体验 + 进阶学习需求，使得创意品类市场“上位”。（1）入门级体验之上，挖掘进阶学习需求成为生活必须。“日日煮”将甜点烘焙课程分为初、中、高级三种类别，以递进式的学习满足不同阶段消费者的需求；珠宝 DIY 品牌“全爱工匠”提供进阶课程的学习，消费者可成长为“设计师”，再和全爱工匠一起服务 C 端；“乐窑陶艺”在陶艺 DIY 之外，还将陶艺培训标准化、简单化，浓缩为 10 天的课程供消费者选择。（2）纸艺、植物创意品类“异军突起”。法国纸艺手工品牌“Decopatch”，以创意彩纸进行拼贴装饰，为陈旧物品赋予全新生命；“BOTTLE 植物创意生活馆”则专注于苔藓微景观生态瓶的打造，选用进口日向石和赤玉土，搭配不同的植物，打造微景观的小世界。“日日煮”做美食视频自媒体起家，全网拥有超过 5500 万粉丝，用户数逾 1000 万个，海量粉丝资源成为其进军线下实体店的巨大优势。2017 年 12 月在上海 K11 落地首家线下体验店，目前全国门店已达 6 家，进驻广州 K11、上海 K11 等购物中心。在以厨艺为定位的体验店之外，“日日煮”于 2018 年还开设了儿童亲子体验店、综合生活体验品牌店，以及店中店等新类型门店。各类门店均包括体验、餐饮和零售三大模块，按照“6 ∶ 3 ∶ 1”的比例进行组合，形成互补和联动，带动客单价的提升。门店注重构建美好生活场景，且以递进式的教学课程、持续的互动活动，激发消费者的兴趣和品牌信任感，从而提升用户黏性，形成多次甚至终身复购。目前“日日煮”门店月均客流量在万人以上，用户续费率 / 复购率高于 70%，门店坪效在 4000 ~ 4500 元，回本周期可控制在 12 ~ 15 个月。

“Decopatch”于 1993 年诞生于法国，是风靡全球的手工贴纸创作品牌。

自2017年开始进入中国市场，目前在北京、上海、成都、郑州等城市已拥有十余家门店，已进驻北京华润五彩城、郑州丹尼斯大卫城等购物中心。品牌致力于打造“3～100岁都适合的手工品牌”，每年设计数百种纸模，并特别研发多种适用于任何表面的胶水和创意彩纸，所有商品都通过欧盟检测，满足儿童和成人的多元化需求。消费者可在纸模或各种装饰品、家具、旧物上，利用胶水和彩纸进行拼贴装饰，赋予物品全新生命。2019年，“Decopatch”在全国范围内进行拓展，计划新开15家门店。“BOTTLE植物创意生活馆”创立于2016年，苔藓微景观生态瓶的打造是其最大特色。目前品牌在上海和杭州均有门店，已进驻上海大悦城、杭州国大城市广场等购物中心。2019年，品牌预计将在华东区域一二线城市进行拓展。“BOTTLE植物创意生活馆”深入挖掘现代都市人与自然亲近的需求，将绿植创意融入生活和工作场景中，可根据阳台、墙面、工作台等场景，打造最自然的植物景观。在零售产品之外，品牌还开设了苔藓微景观、多肉微景观、永生花设计、植物敲拓染等手作体验课程，消费者可选用进口日向石和赤玉土，搭配不同的植物，在小瓶子内打造微景观的小世界（图1-4-8）。

图1-4-8 BOTTLE植物创意生活馆

艺术场馆打造多功能复合空间，实现艺术与商业协同发展。（1）打破固有形象，增设多元功能区域。“开心麻花剧场院线”以戏剧体验为核心，集演出、孵化、互动、策展、戏剧培训及主题餐饮于一体；“BROWNIE Gallery Store”化身“生活方式买手店”，门店划分成画廊、活动空间、咖啡店等不同功能领域。（2）艺术走向大众化，与商业空间协同发展。“新星星美术馆”通过举行艺术沙龙、艺术讲座、艺术交流分享会、艺术品签售会等活动，拉进大众与艺术的距离；“UConcept 画廊”则将画作分为三种固定尺寸、三个固定价格，以更市场化的操作在购物中心的平台上，连接起普通消费者与画家艺术品之间的桥梁。“BROWNIE Gallery Store”于 2017 年 9 月在上海静安嘉里中心开了第一家旗舰店，将“高冷”的当代艺术带入更大众的消费市场。目前门店数量已增至 5 家，未来一年内，品牌计划在北京、上海、深圳拓展更多新店。区别于传统的艺术画廊，“BROWNIE”更像是一间生活方式买手店，门店划分成了艺术画廊、体验活动空间、VIP 画廊、餐饮区等不同区域，囊括摄影作品、艺术家居单品、文创产品和咖啡等产品。其中摄影作品由“BROWNIE”在全球签约先锋摄影师后对作品限量售卖，家居品则由买手在全球遴选并引进。门店设计试图让顾客经历从接近、到理解、再到拥有的过程。如在展区融入互动声音装置，迅速拉近与作品的距离；持续举办摄影艺术 MINI 展览、艺术家工作坊等体验活动，加深对艺术品的理解；近期开业的北京店，还推出了易于挑选购买的纯卡纸式摄影作品，进一步降低购买门槛。

联合办公空间，让科技锐化服务，创新直击痛点。近几年，联合办公空间发展呈现井喷之势。对购物中心而言，引入联合办公空间，不仅可以消耗掉难以去化的出租面积，还能在工作日期间提高项目内其他业态的人气与销售额。此外，对于较传统的购物中心而言，联合办公空间年轻时尚化的设计，也能帮助提升项目的整体调性。“WeWork”和“氪空间”是联合办公空间的代表品牌，在资本的加持下，纷纷加速布局步伐，行业竞争趋于白热化。

（1）以科技驱动，优化服务体验。“WeWork”利用人工智能技术、大数据等方式，优化会员体验、提高空间利用效率；“氪空间”定位为科技零售公司而非地产公司，通过建立以科技驱动的社区，满足企业对办公空间的各环节的需求。（2）服务创新直击市场痛点。“WeWork”在 2018 年 10 月推出按时计费的工位服务“闪座”，将客群从“企业和自由职业者”拓宽至“所有消费者”；“氪空间”则在 2018 年 8 月推出时租类办公产品“自由座”，且在 12 月落地了首个定制办公项目，为企业提供精细化和个性化的办公室一体解决方案。

“WeWork”于 2010 年创办于美国纽约，是联合办公空间运营模式的创始者。2016 年品牌开始进军中国，目前在一二线城市已拥有逾 70 个社区，进驻北京三里屯太古里等购物中心，所服务的会员总数超过 8 万人。“WeWork”通过租赁大量空间进行改造，然后将其分租给企业、初创团队和自由职业者，以实现商业效益。基于大数据的社区化是“WeWork”的核心优势，目前财富 500 强中有 30% 是品牌会员，中国区会员中也有 34% 是大企业，构成了复杂庞大的社区生态体系；而通过大数据和 AI 技术等的运用，“WeWork”能对会员的使用行为做出分析，从而改善空间利用、提升整体坪效。2018 年“WeWork”不断革新升级，在激烈的行业竞争中提升品牌价值。在 2018 年 7 月落地充满“黑科技”的 WeWork 北京坊旗舰级空间，展示了通过人脸识别技术签订合同、红外感应自动升降桌等技术。“WeWork”目前已获得多轮融资，最新估值高达 470 亿美元。在资本的加持下，未来“WeWork”将快马加鞭开拓中国市场，在广州、武汉、西安、苏州等城市开出更多门店（图 1-4-9、图 1-4-10）。

图 1-4-9　“WeWork”一

图 1-4-10　“WeWork”二

必须要承认，文创品牌呈现的方式多元且有趣，为城市文化的发展、乡村民俗资源的再造以及经济转型后社会的前进，提供了实验方式。

第二章　城市文创

第一节　文创激发城市发展新活力

《2018中国城市新文创活力指数报告》以产业、资本、平台、人才、政策、传播六大领域的活力表现为主要指标，得出排名前30的城市。成都、北京、杭州、上海、深圳、广州、西安、天津、苏州、重庆等城市榜上有名。文创产业的发展让城市突破了同质化发展模式，释放了城市的活力，为城市打造了更加亮眼的“名片”。

（1）文创产业的发展提升城市魅力。一方面，伴随着互联网的迅猛发展，文化和科技等其他业态的融合发展越来越常见。另一方面，对文创产业的重视、热情和投入，让许多城市拥有了更大的魅力，也彰显出更多的活力。从文创产业发展的角度来看，一些城市打破了文创产业最有实力的北上广深等一线城市垄断，杭州、成都、西安等“新一线”城市抓住了文创产业新业态的发展机遇，正在迅速崛起。单以2018年一年在抖音等视频平台上亮相为例，成都、西安、重庆、杭州等城市的活跃程度超出想象，表现出巨大的城市活力，这正是新文创时代城市竞争的缩影。

（2）“互联网+”促进文创产业转型升级。“新文创”概念的提出，让人眼前一亮，即通过广泛的主体连接，利用VR、AR、大数据等科技手段，推动文化价值和产业价值的互相赋能，从而实现高效的数字文化生产与IP构建，其本质是利用“文化+科技”的融合打造文创IP，重构文创内容生态。成都、西安、杭州等城市几乎都在“互联网+文化”的新兴业态上抢占了先机。除了抖音短视频等互联网平台的带动外，在杭州、成都的高增长中，游戏行业、网络文学IP产业都作出了较大的贡献。

近年来，我国发展前途大好的初创企业分布最多的是互联网服务、电子商务、互联网金融、文化娱乐业。按照新文创的概念，这些行业都有文创的身影。“文化+科技”的融合效应凸显，实现了产业跨界互联，为城市发展文创产业拓展了新思路。“互联网+文物”“互联网+影视动漫”“互联网+旅游”“互联网+休闲娱乐”……当前，不少传统的文创产业与信息产业相结合，带动文创产业的资源整合，以信息化带动内容产业化，以产业化带动内容信息化，重塑了文创产业价值链，催生了文创产业新业态。国家统计局的数据显示，2017年全国规模以上文化及相关产业实现营业收入接近十亿元，其中10个行业的营业收入均实现增长，以“互联网”为主要形式的文化信息传输服务业营业收入为7990亿元，增长34.6%，在10个行业中增速最快。专家认为，在数字赋能时代，大数据、物联网、人工智能等新技术都有可能成为城市发展的新机遇，数字文创产业迎来了更为强劲的变革，以“互联网+”为切入口，加速文创产业与科技的全面融合，将改变文创产业内部的产业结构，加速传统文创产业转型升级。

（3）发挥文创产业园区的平台集聚优势。中国城市竞相发展文创产业的动力是什么？既是地区经济增长转型升级的要求，是人们美好精神文化生活的需要，也是产业转移后城市空间变化带来的新需求。随着城镇化以及新一轮产业转移，很多城区的制造企业搬离。在留下的厂房利用问题上，以北京798艺术区为代表的城市更新应运而生，并成为诸多城市效仿的对象，各类文化创意产业园区逐渐成为城市更新的重要产品形态。我国文创产业园区从20世纪90年代起步，到2002年末只有48个建成，到2010年呈现井喷态势，达1234家，2014年达2570家。到2017年，我国文创产业园区发展环境进一步提升，园区数量增长到近3000家。北京可以说是文创产业园区建设的先行者，在798艺术区之后，作为曾经的工业基地朝阳区的旧厂房改造获得了成功。目前，北京市曾经的工业基地朝阳区已有57家老旧厂房转型升级改造为文创产业特色园区。在北京市，已腾退老旧厂房242个，其中已经转型利用的老旧厂房占地面积601万平方米。老旧厂房改造的文创园区除了进驻各行业的文化类企业外，还利用各具特色的文化空间建设文化馆、图书馆、博物馆、美术馆等，推动文化产业与文化事业融合发展。近两年，成都、杭州等城市的文创产业园区发展迎头赶上。数据显示，截至2017年年底，杭州拥有国家级文化产业园区（基地）10家，市级文创产业园24家。具体来看，这些园区大多以艺术设计、动漫、数字娱乐为特色。

在成都的大街小巷，文化创意随处可见，涌现出以红星路35号文化创意产业园、蓝顶艺术中心、东郊记忆、武侯区西部智谷等为代表的文化创意设计产业聚集区（图 2-1-1）。“可以看到政府对文化产业的推手作用越来越大，从过去的一个点位到现在的一个街区、一个商场，能够把很多文创元素赋予进去，文化创意产业对老百姓的影响越来越深入。”红星路 35 号文化创意产业园总经理卢勇表示，红星路 35 号从最初的闲置厂房，到改造成为工业设计产业聚集地，十年间可谓见证了成都文创产业的发展（图 2-1-2、图 2-1-3）。

图 2-1-1　文化创意园一

图 2-1-2　文化创意园二

图 2-1-3　红星路 35 号文化创意产业园

文化创意产业园区往往能发挥出产业空间集聚效应，既集中城市的一批有实力的文化企业，也为培育新型文创产业提供良好的成长环境，还将吸引人才、资金等资源，通过规模集聚效应加速城市丰富的文化资源的产业化转化，从而辐射带动整个城市的文创产业发展。

第二节　城市文创产业发展的环境分析

《国务院关于推进文化创意和设计服务与相关产业融合发展的若干意见》提出，要依托丰厚的文化资源，丰富创意和设计内涵，拓展物质和非物质文化遗产传承利用途径，促进文化遗产资源在与产业和市场的结合中实现传承和可持续发展。加强科技与文化的结合，创造具有中国特色的现代新产品，实现文化价值与实用价值的有机统一。明确到 2020 年，文化创意和设计服务的先导产业作用更加强化，与相关产业全方位、深层次、宽领域的融合发展格局基本建立，相关产业文化含量显著提升，建设一批特色鲜明的融合发展城市、集聚区和新型城镇。《“十三五”国家战略性新兴产业发展规划》提出，以数字技术和先进理念推动文化创意与创新设计等产业加快发展，促进文化科技深度融合、相关产业相互渗透。明确到 2020 年，形成文化引领、技术先进、链条完整的数字创意产业发展格局，相关行业产值规模达到 8 万亿元。《“十三五”国家战略性新兴产业发展规划》还从创新数字文化创意技术和装备、丰富数字文化创意内容和形式、提升创新设计水平、推进相关产业融合发展四个方面说明了“十三五”时期我国数字文化创意产业的发展方向。

不仅如此，作为全球运动的创意城市发展，在各个国家的重要城市，创意创业发展的环境都在迅速形成，这场运动从西方开始，早在 2004 年，由联合国教科文组织（UNESCO）发起至今，世界范围内有多家城市加入。包括我国的上海、北京、深圳、成都、哈尔滨和杭州等，这些城市通过文创产业与旅游资源的整合，完成城市新名片的打造，从而集聚文化创意人才。创意城市不仅成为城市发展竞相追捧的新范式，也开始成为带动全球不同地区城市发展的创新运动。

虽然“创意城市”作为新鲜概念让人感觉前沿、时尚且又前景光明，但通过发展城市文创，引领城市发展进入创意城市的道路并不顺畅。城市文创产业的发展与地域经济基础有着密不可分的关联。一般来说，多数三四线城市或经济欠发达地区，可以因其原生态的文化或手工工艺而获得创意城市或文创产业发展的资源，但这样的文创领域经营一般不能走向产业化发展的道路，也自然是因为其文创资源的稀缺性，这个类别的文创经济成为城市旅游业中最受关注与欢迎的部分，得到市场青睐。而经济发达的一二线城市或国际化都市，这些富足的地区便可以从日常休闲娱乐的生活方式中深挖创造深受居民及游客喜欢的文创产业方式并形成品牌化发展。因其城市居民自身生存品质的需要，发达地区则会因为时尚消费和文化消费为文创产业的发展提供更多机会。由于地区经济发展的差异所导致城市发展的资源以及方式不同，但不管是何种差别，城市文创都成为与旅游产业紧密结合的重要资源，打造城市最具市场竞争力的文化名片。因此，基于文创产业发展基础之上的“创意城市”能够成为不同等级城市和地区各界迎接新发展，规划新战略的首选方案。

众所周知，看起来似乎任何一种旨在解决问题或改善现状的开创性行动都是“创意”的体现。有英国学者提出，“创意城市”构建是以问题为导向的，城市在发展中会有无数问题需要用创造力去处理和解决。如传统经济产业衰退、集体归属感缺乏、生活品质降低、全球化挑战等，因此“创意城市”是一个不断以创新方式应对城市问题，努力改善居民生活品质，提升城市建设质量，集聚文化投资、商业、劳动力、游客、会议及活动举办方等的城市。通过“创意”的方式，能够带动城市旅游资源的开发以及旅游业的发展，创造更多工作岗位以及提升本地城市居民的生活品质。当然，创意城市的概念有其广义与狭义层面的解读。广义的“创意城市”是指在不同时代背景下，人们为适应不同发展需求，通过创造性的思维和行动实现综合发展的城市（包括物质和非物质两个层面）；狭义的“创意城市”是指以创经济为主导，开展城市更新改造和拓展开发的城市，涉及产业发展、设施支撑、文化资本和地域营销等。由此可见，创意城市与城市创新具有天然的内在关联性，创意与创新互为因果，两者都强调通过前所未有的开创性途径或模式来推进城市的建设和发展。一座城市会因为饱含创意而实现了创新，反之，一座创新之城也总是深具创意。但创新城市与创意城市还是存在着明显的区别的。创意城市的创意内容着重体现在创造力上，且这里指出的创造力则与当地文化和艺术领域密切相关，呈现出城市文创的表现力。城市创新则是一个更加宽泛的理解，“创新”可以是任何领域、技术、制度和人员等的重大变革所促发的城市新发展。从这个意义上来讲，创意城市是城市创新的一种动力和范式。

第三节 城市文创与创意阶层、创意环境以及创意场景的关系

在将创意城市研究逐步推向理论高点的过程中，“创意阶层”的概念及相关理论引发了大范围的讨论，围绕创意阶层、创意环境以及创意场景的研究，让城市文创的发展获得了更为全面的理论支持。城市更新的速度以及文化产业的发展，依赖于“创意”在特殊条件下最大程度地实现。伴随经济的发展，文化、创意产业与城市更新之间的关系变得越来越密切。整体而言，城市文创与创意阶层、创意环境以及创意场景之间的关系诠释了城市之所以具有创意的核心要素——人、环境和制度，是因为它们之间的支撑和互动孕育出了旨在推动城市的经济、文化、技术、空间等高品质发展的城市创意。

创意阶层是指由经济发展对于创意的渴求而衍生出来的一个新的阶层，创意阶层包括以下领域的人员：科学与工程、建筑与设计、教育、艺术、音乐与娱乐……创意阶层还包括了围绕核心的更广泛的创意专业人士群体，分布在商业与金融、法律、医疗保健等相关领域。创意阶层的所有成员，无论他们是艺术家还是工程师、音乐家还是计算机专家、作家还是企业家，都拥有一种共同的创意特质——重视创新、个性、差异和价值。这一解释几乎涵盖了所有在城市生活并拥有知识掌握技术的高知人群，但是却将许多人尤其是那些没有创造能力只能机械复制的工匠排除在外，尽管他们通常比银行家、律师或医生更有创意。事实上，创意群体的跨度很大，既包括相对贫穷的艺术团体、低收入音乐家或演员等收入不稳定的自由职业者或初期创业者，也包括相对富裕的设计师和软件、游戏等行业中的创意个体。在城市中，这些创意群体在经济和社会上的两极化现象相当明显，他们之间的唯一差别就是是否找到可复制的商业模式并在市场经济的竞争中实现价值。

关于创意环境的探讨为城市文创的发展提供了新的思路。创意环境是一个场所在综合基础设施方面催生构思和发明创新所具备的先决条件，它是一个简单但又丰富的物理环境呈现，为创意阶层提供可以活动的物质基础，为大量的企业家、知识分子、艺术家、管理者或创业者提供思想开放的、信息流通自由且充沛的、便于生活与创作或进行创新行为的场域。在创意环境中，任何拥有创意的人都能够主动交流创造出新的构思，并形成艺术产品或服务，良好的创意环境有助于创意机构的形成及发展，并因此带来经济效益及品牌价值。比如美国硅谷和巴尔的摩港口区的艺术创意园和创意产业集聚区提供了典型且优质的创意环境，既包括丰富的建筑空间、道路设施、科研和教育机构、艺术机构、文化设施等硬件，也涵盖了创新人才管理者、开放的交流平台、独特的城市气质、

创新的文化氛围等软件园区。于是拥有创意阶层且营造出良好的创意环境之后，创意场景被自然而然打造出来。

创意场景是城市文创发展的重要生态机构，也是创意力量得以爆发的前提。创意场景在很多地域体现出的更多的是一种促进和引导个人进行创造性表达的社会关系。这种社会组织结构或关系，会形成创意产业发展的制度，既反映为不同决策和行为单位之间的互动交流，也反映为基础设施和社会间接资本（如学校、研究机构、设计中心等）的服务能力，是社会文化、惯例和制度在生产和工作的集聚结构中的一种表达。创意场景是一种空间与制度在地理上呈现的网络系统，其系统的完整性将影响到城市发展的创新能力。

创意场景有两个层次，第一个层次是城市文化经济的网络，又细分为文化经济部门、文化经济补充性活动、地方劳动力市场结构三个内容；第二层次是更加广阔的城市文化体系，包括传统习俗传承的记忆空间（如博物馆）、视觉景观（都市雕塑或美陈装置）、文化与休闲设施、适宜居住的生活环境、教育与培训机构、社交网络等。

第四节 城市文化发展与创意的关系

城市文化发展与创意之间的这种关联性带来文化创意产业的发展。文化创意产业一词的流行源于“文化产业”和“创意产业”的混合使用。在城市文化发展的过程中，“文化产业”常同于“创意产业”。在“创意产业”中广告、设计等组分的文化属性并不强，它们常常被理解为特定行业品牌发展服务的手段，因为创意成为其行业发展的核心竞争力，而将创意产业定位为那些与文化的象征意义高度相关的产业。联合国教科文组织（UNESCO）和联合国开发计划署（UNDP）联合发布的《2013 创意经济报告》认为文化创意产业的结构呈圈层式：文学、音乐、表演和视觉艺术等产业具有最高的文化属性，是最为核心的组成；对文化创作有直接支持的影视、博物馆、画廊、图书馆等次核心的文化创意产业圈；此外是内容更为宽泛的文化遗产、出版、音响、电视、广播、电子竞技游戏等文化性产业；以及广告、建筑、设计和时尚等相关的行业发展内容。

文化创意产业的构成组分尚存争议，不同国家不同的地域有着不同的界定。按照英美国家通常认为的定义，创意产业涉及所有生产创意产品的经济参与者，比如设计、建筑时尚、音乐或电影产业，以及为这些产品提供相关服务的经济参与者，如培训、事件管理或艺术画廊等。这些产业通常由大型企业和独立、单一、自我经营的艺术家和设计者构成。在英国，文化创意产业包括广告、建筑设计、手工艺产品、家具设计、时装、电影、视频及其他音像制品或服务、平面设计、教育和休闲娱乐、现场和录制音乐、表演艺术和娱乐节目、电视、电台和互联网传播节目、视觉艺术与古董收藏拍卖、写作与出版等诸多内容。在法国，文化创意产业包括在创意经济中。而丹麦文化创意产业包括了体育产业，德国则涵盖了游戏以及软件行业。

有很多国家将公共设施包括在创意产业概念中（如博物馆、乐团院及剧院的经营），还有很多国家则有意将创意产业仅仅限定在需要纳税的行业范围内。公共设施尤其是公共设施中的文化创意部分不被纳入创意产业的发展，很多社会学家认为公共设施只是一个不可或缺的背景环境。所以总体上说，文化创意产业的概念十分宽泛，这使得它们的管理部门由其经济价值决定其属性，比如创造经济价值的行业可以包含来自美术、音乐、设计，以及日益发展的创意技术等领域的企业与企业家。文化创意产业的不同定义背后反映的常常是该产业是否能够得到城市政府机构以及管理部门的公共支持。因此，根据本地的具体情况和内在发展动力，不同城市可以修正创意产业的定义以制定出符合本地特点的策略来促进城市和区域经济的发展。

文化、创意与城市更新之间的关系非常密切。文化创意产业在很短的时间内受到了世界范围内政界与学界的广泛关注。对于这一曾长期遭到忽视的经济组分的重新发现，再次激发来自地方经济发展、城市旅游、娱乐和文化等领域的政策制定者与他们的智囊团纷纷去探求文化创意产业对促进城市发展的巨大潜力。很多城市已经开始创新、支持并实行不同的项目与计划来提升城市的文化与创意。联合国贸易和发展会议（UNCTAD）于 2013 年公布的数据显示，创意产品和服务的国际贸易总量在 2011 年达到 6420 亿美元，自 2002 年来以年平均 8.8% 的增速翻了两倍，同期发达国家的年出口增幅更是高达 12.1%。

文化创意产业在地方经济中的重要性已经得到了广泛的认同，不同的社会群体针对创意产业的开发与探索提出了不同的看法：艺术家、音乐家、设计师和演员希望以此得到更多的社会认同、更好的政策支持，以及更多针对文化基础设施的公共投入；城市规划者将创意产业当作旧工业设施的创新利用途径及城市发展的驱动力；地方经济发展的管理部门则认为创意产业是新城市经济的先锋力量；传统产业意识到旧产品的创新不得不依赖于文化创意行业所实现的价值的贡献，创意产业在联系产业上下游和本地劳动力市场体系中的作用至关重要；而新生产业从新兴的文化氛围的支持和不断优化的城市环境中获益；各种工艺品行业协会得益于他们独有的技艺而实现了意想不到的复兴，尤其是非物质文化遗产得到了意想不到的发展；旅游部门则欣喜于看到文化创意产业对旅游产业的市场开拓与品牌打造以及游客的吸引作用；城市市场管理者看重本地创意氛围在提升国际形象上的潜力，这可以引发游客、会展业以及媒体的关注；地方知识产业则认为创意潜力可以吸引学生和研究者并得到新领域的研究课题经费资助；媒体则发现那些在创意与文化领域实现的个人成就或品牌影响有着极好的公众形象，可以呈现出更多竞争力给社会受众以及试图通过文化创意产业谋求生存机会的创业者；政府机构则意识到对于创意产业的宣传可以美化城市的公众形象，以此吸引投资者和高水平劳动力……上述各专业群体、决策领袖和游说者通过文化创意探索来满足他们不同的既定利益，因此文化创意产业受到前所未有的重视。

文化创意产业在产业升级、城市更新及城市发展中发挥重要作用，尤其在文化产业市场相对繁荣的一二线城市，为其经济可持续增长和城市更新提供了丰富的源泉。很多城市都在发展创意产业的过程中用实证展示了中国城市的创意转型是经济发展的必须。它们无疑可以启发那些希望改善城市生活质量的城市规划者，为地方政府、规划技术人员和政策建议者提供不同的应对发展挑战的思考视角。

“文化、艺术与城市建设”，“文化创意产业作用于城市发展”，以及“创意与城市更新”，这些话题越来越广泛地被城市发展规划者关注，创意城市案例也成为更多人探讨社会发展方向的可能。比如具有上千年历史的德国城市卡塞尔，因作为汽车设备和军工制造基地在“二战”中几乎毁于战火，但文化和艺术产业带动着这座城市实现了它的品牌意义。卡塞尔是德国中部一座拥有 25 万人的小城，它除了是广为中国人知晓的、飞驰在上海浦东的磁悬浮列车的研发生产之地，著名的德国豹式坦克的生产基地之外，也是拥有德国皇帝夏宫及威廉高地公园的旅游胜地。但卡塞尔更为世界所知的是五年一度的“文献展”。卡塞尔文献展使得卡塞尔这个城市之名与一个艺术展览紧紧地结合在一起，使得卡塞尔这个名字蜚声各国，使得卡塞尔这个城市成为当代艺术的一个圣地。五年一次来自世界各地的人潮，把卡塞尔从宁静带入喧闹，文献展也成为整个城市的节日（图 2-4-1）。整个城市为之而动，街道、公共场地都派上了用场，各类展览作品和相关的艺术活动散布于城市的各个角落。卡塞尔文献展的主要展场分布于弗里德利希阿鲁门博物馆、文化火车站、文献展厅、橘园宫、宾丁啤酒厂等。从某种意义上说，参观卡塞尔文献展也就成为一次文化艺术之旅，文化和艺术成为生活的必然部分。从具有文化稀缺性及重要人文意义的文献展，到艺术节及文化园区，特色化的艺术创意导向城市发展，在创新的过程中为经济的增长做出了不可磨灭的贡献。卡塞尔的案例研究展现了很多城市 20 世纪经历特征丧失、物质结构重创、经济实力下滑之后，如何用城市政策解决再定位困境、依托历史机遇和文化遗存克服去工业化时期各种危机的具体途径。而作为世界遗产地的奥地利第二大城市格拉茨，是“欧洲文化之都”和联合国教科文认定的“设计之都”，在申请和运作这两大文化创意项目的进程中，城市走出了一条新老并置传统与创新结合、旧工艺与高科技交融的发展道路。而在我国成都，开放与包容的历史文化特征、闲适自由的市井文化吸引诸多优秀艺术家定居于此，他们聚集的市郊艺术文化区成为文创产业的萌芽，能快速地融入市民的日常生活，推动更高端与更完善的产业链发展。巴西的圣丽塔 - 杜萨普卡伊这座小城通过公共艺术和公共设计改善居住环境、激发公众参与、带动观光业发展。这座曾经以种植和畜牧业为主的小镇，现在通过“创城市、幸福城市”建设成为拉丁美洲文化欢庆活动、电子信息技术学校和电子信息产业发展的集聚地，这意味着文化、创意、革新和合作可以成为小城镇发展的驱动力。

图 2-4-1　卡塞尔文献展

文化产业企业家的自我雇佣比例极高，其创新性质超出一般小企业的发展范畴。因此，在美国城市探索出了支持艺术家发展的新方法，包括空间支持、面向艺术家的网站和销售项目、把艺术工作整合到城市企业中、针对艺术和设计的职业现状设定创业培训项目等。对比美国的“音乐之城”西雅图、“艺术家中心”明尼苏达双城、“双室年展 / 车库展”城市圣何塞三地的创意产业政策可以发现，其成功之处均在于充分发挥所在区域的独特优势，强化网络构建以促进专业知识和创新知识的传播，艺术家、大企业内的小团体等创业者在该过程中扮演了重要角色，通过扩大化、专业化的艺术设计人才集聚，建立新的企业并获得回报，也提升了地方创意产业的口碑。在英国，伦敦创意产业主要表现在广告业、电视和广播业、电影业等多部门上，不同的时代背景和执政理念导致创意经济的关联政策与程序不断变化，目前的创意产业和文化政策回归为福利文化政策，试图以此振兴出口和吸引更多外国直接投资。在我国，通过对北京市朝阳区文化创意企业数据与空间数据的整合分析，可以发现文化创意产业在空间布局上表现出一些典型特征，如以中小企业为主体的产业构成使得文化创意产业总体上对集中性的城市空间需求不显著，并呈现出与城市其他功能混合发展的空间特性。大量中小企业对运营成本过于敏感，因此低租金地区、税收优惠地区在文创产业承接方面具有优势。以“陶都”宜兴的案例来看，研究全面展示了这座城市基于陶瓷产业集群的创意产业链及相关活动的演进和发展。除了传统文化和艺术氛围传承，宜兴城市政府与行业协会、民间组织、学校、企业、手工艺人共同构建了多方合作协同机制，这是创造自由、包容、诚信的城市氛围和促成宜兴历久弥新的真正原因。

创意与城市更新的关系引发更多关注。近半个世纪以来，德国的许多城市都在通过创意产业与工业遗址之间的关系重塑而探讨城市复兴的可能性。世界上有很多国家在保护工业遗址和利用文化创造积极的社会政治环境方面做出努力。随着埃姆舍旧公园项目的开展，鲁尔区的文化事件和不寻常的文化基础设施吸引了大量观光者和媒体关注。作为世界上最早实现工业化的国家之一，德国城市拥有丰富的工业遗产，纽卡斯尔便是如此。然而，这些日工业用地由于20世纪80年代初期的经济衰退而空置，又因为当地房地产市场疲软以及需求低迷而开发缓慢。纽卡斯尔的案例探究了工业遗址保护问题，以及这种保护是如何与新兴的文化创意产业联系起来，发展当地经济的。在文化资源丰富的维也纳，城市生产和城市空间之间的新型关系正在重塑，经过几十年的职能分化，生产、贸易、产地和文化的相互促进关系正在复兴。维也纳除了在高雅文化和古典音乐方面具有历史优势，新生代的创意工作者带来了他们自己的关于创新艺术、文化、经济和社会的想法以及项目和产品，他们创建出了遍布整个城市的创意空间。像布达佩斯这样位于欧洲中东部的城市，它所处的情况和其他城市完全不同，在犹太社区，受当地人和游客喜爱的废墟酒馆得到推行，防火墙绘画、餐馆数目的增多以及节日庆典等文化活动，都表明了在以社区为中心的文化理念之下，地区的创业、创意和旅游产业正在蓬勃发展。在北美，加拿大的多伦多正在借助文化创意将“俱乐部岛”休闲娱乐区更新开发为有名的国际旅游地，创新城市概念被用作融合经济复兴、社区参与和场所塑造等多种元素的灵活框架，以保障行动的合法化，完善地区的居住、工作和游憩功能。在瑞典的第三大城市和南部商业中心马尔默，高新技术和知识密集型产业正在不断取代陈旧、传统的产业结构，其成功基于一系列因素的结合，包括富有远见的领导者、创新综合的城市和文化战略、稳定获得独特筹资的机会、教育方案，以及可以保证并执行对当地社区的承诺的多方利益相关者。

放眼世界，各个城市为打造创意城市所采用的实践方式是极其综合、复杂和多元的，既有通过旗舰项目建设与城市更新重塑都市形象的；也有积极发掘和培育城市创意空间与创意片区的；抑或借助综合的资金和政策措施支持来刺激文化创意产业的多方利益相关者；还有举办或发起文化事件和文化活动扩大创意影响和参与程度的；以及推进文化创意集聚区开发、开展创意城市的研究和咨询、强化创人培育等。显然，创意已经成为一个饱受赞扬及关注的词汇，未来它将决定全球众多城市的话语权。城市核心竞争力须更具创意以应对全球化带来的各种挑战，无论在欧洲、亚洲还是北美等地，均是如此。地方经济只有依赖于创意与创新才能在竞争越来越激烈的全球经济中生存下去，因此文化创意产业在本地经济向新经济的转型路上扮演着重要角色。更重要的是“文化创意”是“城市更新”的关键动力的认知转变，标志着我们的城市更新正在从单一建设舒适的环境以实现城市结构转型向着目标更加清晰的以追求文化多元化带动社会综合实力的发展方向转变。

第三章　乡土文创

第一节　乡土文创的使命——活化旅游资源

随着时代的变迁，在古村旧镇里，那些曾经代表乡土文化的古民居、农耕用品、戏曲文艺、少数民族文化等传统事物，随着年轻一代的出走正日渐式微。而为了挽救日渐消散的文明，很多以乡村物件为主题等乡村文创产品逐渐走入人们的视野，不过对乡村反哺最多的还是很多“乡村＋文创”模式的推出。从田间到终端，文化可以增加生活温度、创意可以渲染产业彩度，农业产业从此丰富多彩。文创为传统农业带来发展机遇，重塑产业价值。农业与文化的碰撞——文创农业是继观光农业、生态农业、休闲农业后，新兴起的一种农业产业模式，是将传统农业与文化创意产业相结合，借助文创思维逻辑，将文化、科技与农业要素相融合，从而开发、拓展传统农业功能，提升、丰富传统农业价值的一种新兴业态。

文创激活了乡村的闲置资产。村民作为乡土文创的重要参与者，通过以下几种方式参与村子的经营：一是将闲置的农房流转给艺术家；二是作为员工受聘于艺术家和青年创客；三是在政府的协助下成立乡村旅游合作社，加入旅行合作社之后参与合作社的分红。通过发展乡宿、文创、休闲、旅游等产业，实现村民就地就业及创业，这不仅仅是商业模式的打造，更是通过文创品牌的建立重塑乡村文化的过程。乡村文创实践在乡村文化旅游规划、美丽乡村建设中找到了“共同语言”，不少地方政府制定政策，向乡村定向引进文创人才，从项目的策划、品牌的调研到运营的开展，乡土文创成为一种发展逻辑，赋予乡村新的时代使命。“民宿＋文创”创新了乡村经济新业态，民宿经济的创建成为文创品牌发展的有机载体。民宿发展如果没有融入文化创意，没有完善的软硬件配套服务，没有品牌和人文故事，就很难实现商业价值。差异化是民宿体验的核心竞争力，文化创意、小资情怀、乡土体验……与传统酒店、旅馆仅满足住宿功能不同的是，许多民宿必须向精品转型，向采摘体验、农产品开发等全域旅游方向发展，依靠具有地域竞争优势的文化创意赢得消费者的喜爱。从设计风格到经营理念、营销方式等，均突出文化创意，民宿展示的不仅仅是空间体验，更是消费者对所体现的自由与本真的乡野情怀追求。

对于农产品价值的提升也是乡土文创的另一特点。首先，梳理本地核心农产品资源，将原有土特产品的文创转型和农产品文创化。土味有余而创意不足，农产品与旅游资源的结合只有通过文创化表达后，才会获得生机。同时也带给消费者更好的产品体验。其次，乡土文化与文化创意的深入嫁接，塑造了乡土文创的品牌体系，开发了更为丰富的旅游资源。乡村旅游同质化现象严重，纪念品与装饰品毫无当地特色，大量雷同的产品无法引发消费者的购买欲望。乡土文化必须经过再设计的过程，提炼出更加个性化的文创符号，既保留地域文化特色，挖掘乡土文化内涵，又提高创新性、独特性，形成特色产品。这个环节需要大量的设计师以乡村文化为题材，并运用更为专业的方式探讨其艺术价值的实现。不仅如此，乡土文创需要更好的平台发挥价值，文创产品与体验场域的深度结合，与民俗场景的结合势在必行。现在很多文创产品与文创体验店相结合，不再是单单的自然销售产品模式，更多的是与消费者、游客直接的互动体验，让游客在“游”的过程中主动参与到与商品的互动中，吸引消费者购买，也使消费者有更好的消费体验。随着物流产业的发展，互联网经济已经改变了消费者的旅游习惯，人们在线下实体店体验商品，利用线上下单的优势可以更快地将喜爱的商品邮寄到目的地。并且优质的产品易形成回购，这种新的模式对文创产品的销售将起到很大的促进作用（图 3-1-1）。

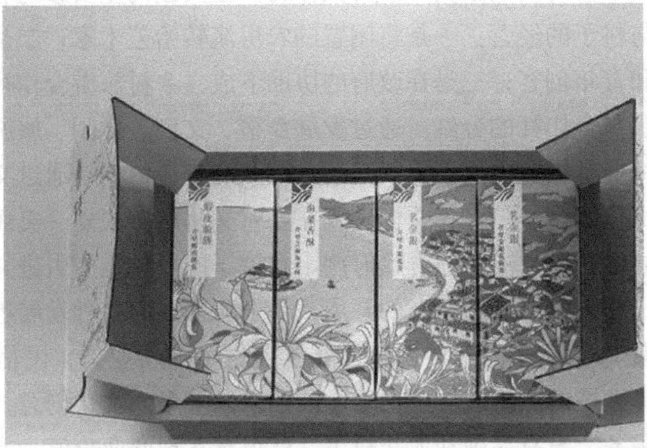

图 3-1-1　乡土风情文创产品

消费者喜欢的乡土文创往往具有以下特征：（1）重视文化，包含产品自身的文化与当地特色的文化，赋予产品一些故事和文化内涵，增加其产品文化厚重感。（2）包装设计要能给产品带来更多的附加价值，既能体现产品本身特色，又不能过度，从而依靠产品包装本身传递出产品带给消费者的文化与气质。（3）产品必须要有核心品牌性，品牌是一种无形资产，实体的产品做得再好，也需要品牌的贯彻，才能在消费者心中扎根，从而获得较好的商业价值。发展旅游无疑是乡村振兴的重要途径，文创旅游则是赋能乡村大振兴的高效、创新而又充满诗意的途径。

乡村旅游业的开发有着非常广阔的市场前景，但与此同时，也存在现实需要克服的困难。在传统的旅游概念中，必须有显性的可开发资源才有办法做旅游产业。但现实情况是：中国的旅游资源经过这几十年的大开发，好的尤其是显性的差异化旅游资源越来越少。通常乡村资源仅是能够呈现出良好的生态环境，以及一些濒临消失的民俗风情、古厝古道、民间传说、文化遗址等。如果说哪里还存在显性的差异化旅游资源尚未开发，那多半是区位条件一般，旅游可进入性不强，周边市场消费基础也很薄弱的地方。此外，并没有适合的土地资源可供开发。由于很多品牌性的旅游项目投资巨大，回收期漫长，运营风险相对较高，绝大部分投资者在乡村投资开发旅游项目时，为了减少投资，降低风险，加快回收，都会关注以下问题：是否有些可以只用流转土地来做；地价成本是否可以降至最低；有没有居住用地可供平衡。在土地资源越来越稀缺、国土管理越来越严格的今天，这些显然成了各地发展旅游业的痛点。曾经很多投资者以土地红利空间投资开发旅游项目，而今这种逻辑已不复存在。

依据业内现状来看，全国几万家的景区，效益呈现明显的“二八法则”，乡村旅游效益理想的更是少之又少。究其原因，绝大部分旅游企业都处在“两无”状态。一是无资金实力。现在旅游产业的发展遵循的是“前期老虎机、后期发动机”的套路，说“老虎机”是因为前期投资特别大、投资回收期特别长，而且必须把这只“老虎”喂饱了它才会听你指挥；说“发动机”则是因为旅游项目建成之后，确实能给当地带来大量人气，创造效益，但需要不断给它加油帮它保养，不断推陈出新，保持市场的热度。这些都需要持续的资金支持。二是无专业实力。旅游产业运营的门槛很高，与文创产业结合需要更多跨界知识的运营以及实操经验的积累。专业团队的配备非常重要，虽然有钱可以请专业的人来做专业的事，但如何在统一的组织里通过角色的合理分配做好产业化的运营，是需要经过实践验证的。随着乡村旅游市场的热度升高，客观讲，乡村旅游景区、休闲农业项目各种各样，与此相对应的是，乡村旅游市场需求也相当大，大量城市游客一到周末就想携家带口、呼朋引伴到乡下走走。可是，对他们而言，“好去处”实在太少。

究其原因，不在于景区少，而在于大量乡村旅游点都存在以下情况。一是无差异化。在没有显性的差异化旅游资源，只有青山绿水、良好生态环境的情况下，很多人做乡村旅游不是搞过去的采摘、垂钓、赏花、摸鱼、捞虾、住农家乐、吃农家饭等产品，就是做木屋、露营基地、稻草人之类。这些都满足不了现阶段人们对“新奇特”的追求。二是无品质。对大多数消费者而言，他们虽然向往乡村旅游，但同时也眷恋城市，尤其是城市的卫生、舒适、享受，乃至文化品位。而当前我国大量乡村旅游点恰恰是做成了纯粹“乡土旅游”，配套服务跟不上，空间场域的打造支撑不了文化创意的内核。于是近年来发展起来的一些“野奢”型、“乡奢”型、“轻奢”型文旅项目备受市场追捧。

第二节　文创旅游——让美丽乡村价值升级

乡村振兴战略的总体要求包括：产业兴旺、生态宜居、乡风文明、治理有效、生活富裕。文化产业是具有强渗透力的朝阳产业，文化创意可以重新认识乡村价值，为农业增加旅游、休闲、品牌等多种附加值，能为农村就业创业拓宽渠道，为农民增收提供途径。因此，在乡村发展文创产业既是一种内在诉求，同时也是乡村振兴的重要手段。

文化创意产业走入乡间成倍受追捧，人们马上会联想到近年来大热的乡村旅游，从最早“吃农家饭、住农家院”到各种休闲农业，从土家乐、农家乐到“洋家乐”。但不是所有的项目都能叫好叫座。很多地方把乡村的文创产业做窄了，这种狭义化理解限制了文创产业在乡村发展的可能性。在农村做文创产业、文旅产业需要充分挖掘内生需求，而不能简单复制，前期投入可能很高、收效很慢，但现在有的地方急于上马商业项目，没有充分挖掘乡村文化价值，也没有考虑提升文化产品附加值，很容易出现“千村一面”的尴尬局面。“文化”要与“旅游”融合，必须借助“创意”。“创意”是文化旅游的核心。唯有通过创意，才能把一般性的文化做成非一般的，把摸不着看不见的文化做成可以感触可以体验的，进而把文化资源转化为游客喜闻乐见的、有别于传统自然景区、文化景区、主题公园、休闲农园的第五代旅游产品——文创景区（图 3-2-1）。文创景区要以文化为灵魂、以文化资源为核心资源，通过“创意”这根“魔法棒”，创出既能成为文化载体，又有可经营性产品属性的旅游景区。文创景区和其他景区的关键差别在于：有文化灵魂、有一个主题贯穿始终、讲究创意、具有独特文化IP，融合了观光、文化体验、文创、科普以及主题公园的多种功能，更重要的是不易复制。文创景区对旅游资源的依赖性不强，通过创意的方式塑造品牌形象，达到“无中生有”的效果。以“创新创意”取胜，真正做到文旅融合的创新性开发。相比一般的休闲农业、乡村旅游、森林人家、田园综合体等，文创景区对耕地和林地依赖较小。同时，它的投资相对主题公园、特色小镇也比较少，且能够更好地满足各类群体的多样化需求，成功率更高，对旅游地产的依赖较小。文创景区的经营效益相对较好，讲究主题唯一性、创意独特性、IP显著性、产品差异化，融合了观光、文化体验、文创、科普以及主题公园的多种功能。因此，它既能很好地满足人类对旅游的本质需求——体验差异化的生活、消费“新奇特”的产品，同时可以很好地满足人们对旅游的最新需求——家庭化、短程化、自助化、多样化等。尤其是多样化的体验模式，景区虽然是单体，但可供观光、可供体验、可供拓展、可供研学、可供休闲、可供游乐……不同人群都可以在这里找到其特定需求。

图 3-2-1　乡村文创景区

打造成功的文创景区并不容易，但有章可循。深入了解和研究所处地域的乡村文化特点，并找到最具开发价值的文化资源，并利用创意的方式加以设计。文化资源并不等同于旅游资源，其中需要经过文创的方式设计开发，从而产生新的资源。中国是文化大国，各地都有很多地方文化素材。当地人往往引以为傲，认为其资源丰富、历史悠久、文化璀璨。但是，它们有的是遗迹（如某人住址或者墓地），有的是遗址（如赤壁之战遗址、某古城遗址），有的是传说（如“黄粱美梦”），有的是风情（如开渔、民歌），往往具有“小、散、虚”的弱点，很多难以开发或者不具开发价值。又或者，虽然规模比较大，特征也比较突出，甚至是显性的，但因为与相邻地区资源雷同，缺乏差异化，也可能不具开发价值。通过艺术设计的方式，将当地的民俗资源与文化遗产变成进行消费的文创产品或服务，打造商业模式，才是让在地文化焕发活力的首要任务。而针对缺乏文化资源的地区，可以创造文化。虽说我国是文化大国，但很多地方也找不到特别突出的尤其有差异化的地方文化素材。在这种情况下，如果一定要开发文化旅游项目，那就必须要创造、要嫁接。实际上，所有文化都是创造出来的。以文化为灵魂，以创意为手段，在资源基础上进行创造性策划，找到具有差异化的产品定位。资源不等同于产品也不等同于商品，产品必须具有市场属性，符合市场需求，即要“有市场”，而资源则未必。从资源到产品还有一段很长的开发道路要走，而且必须以市场为导向进行开发；商品必须具有盈利模式，要可经营可盈利。

挖掘深度不够、缺乏创意加工，这是目前乡土文创发展遇到的问题。没有创意改造提升，只是简单的原材料展示这不叫文创。项目的定位至关重要，如何确定乡村文创产品的消费对象、他们的消费诉求以及消费内容是乡土文创发展首要解决的问题。乡土文创在本质上是发展体验经济，需要充分关注消费对象的需求和体验，需要思考用什么样的形式来做服务，需要达到哪些软硬件条件。简而言之，乡土文创的发展，需要一手挖掘文化资源、一手提升文化创意，需要有整体的战略思维，让文化产品既与当地文化产生连接又与消费者需求相连接。乡村文化展示项目也可以进行更深层次的挖掘，着重讲好本地故事，乡村还能梳理出更多卖点，通过节庆策划等活动创造当地特有的文化 IP。

培训乡土文创的管理人才，通过一系列优惠政策吸引青年艺术家、设计师、非物质文化遗产传承人在村子里开工作室。“本地人”是重要的人力资源，要充分重视乡亲乡贤、返乡村民和小镇青年的作用。在乡村发展文创产业，政府不仅要出思路、出政策、出计划，还要进行广泛的社会动员，充分利用乡亲乡贤，让懂地方文化、热爱当地文化的本地人来创业，让村里人讲村里故事。一方面可以用政策吸引乡村有才之士“回归”、回乡创业；另一方面也要鼓励农民工返乡，通过职业教育让乡亲们“离土不离乡”，使其成为文创产业的服务者。生于斯长于斯的人才比外聘人才、招聘工人更有价值。在乡土文创产业的发展中，小镇青年不仅仅是消费力量，更是重要的建设力量，他们在乡村文创中大有可为。更深层意义上，这也是乡村社会资源再梳理、社会治理再动员的过程，能进一步提升乡村治理的水平。可以采用两种方式对乡村文创人才进行培养教育：一种是政府和有关部门通过组织相关培训，请专家和设计师进行讲解，培养文创产业从业人员。各地可以集合社会各界力量，借助打造试点、示范来提供典型的模板，让各地乡村文创街区相互取经，从创建案例中借鉴经验。

第三节 “民艺复兴”——乡土文创品牌运营的成功案例

一、自然造物

有人说，2014 年，传统手工艺迎来了发展的春天。东家、一条、二更……互联网公司几乎在同一时间纷纷抢滩传统民艺。迎着“互联网 +”的春风，传统手工艺，这个听起来似乎与互联网背道而驰的行当，开始迸发出了新的生机。匠人和作品被大家所看见，匠人的声音被大家所听见，匠人有更多的机会从幕后走向台前，传统手工艺品从小圈子走向大市场，传统民艺似乎寻找到了一条更宽广的生存和传承之路。

在发现中国民艺之美，复兴中国传统民艺的道路上，自然造物比二更、一条更早地分享和传播手工艺人的故事，记录和反映农村手工艺人的生存状态，推出了一系列展现传统工艺之美的产品，被大家所熟知。与其他的手工艺平台不同的是，自然造物以“自然、人文、手艺”三大核心元素，聚合记录有意思的手艺人，通过一人一事一物方式互联互通，把中国各地区的原生态名产品、传统文化和传统手艺进行再现、再造（图 3-3-1）。自然造物团队仅有十几个人，而且鲜少会遇到他们，一年中的大部分时间，他们都在天南地北的乡间村落，那里有他们的根据地，他们在山间田野一边工作，一边生活。团队里的每个人都身兼数职，做摄影、做设计、做文案、做产品、做开发、做乡村保护；他们自己包粽子、煮茶叶蛋、做月饼；还会烧陶瓷、打铁、刻雕版……

图 3-3-1 自然造物标识

自然造物通过对民间艺术不断地调查、访问与整理，将获得的资料转换成纪录片、照片和文字，并加以传播，以这样的方式再现民间手艺与手艺人的生存状态，让被遗忘的民间手艺与手艺人重新回归大众视野。从 2013 年至今，自然造物团队走遍了浙江、安徽、江西、江苏、河南、贵州……200000 公里在路上的行走影像，记录超过 500 位手艺人，完成民间再造项目超过 10 个（图 3-3-2）。拍摄制作超过 100 部纪录片，拍摄资料照片超过 100000 张。自然造物的团队中有曾经的管理者、投资人、设计师、摄影师、广告人、编辑……他们在一起以乡土文创作为品牌发展的平台，凝聚在一起做热爱的事情，并通过自己的努力，影响更多的人去了解中国乡土里与艺术和智慧有关的故事。

图 3-3-2　自然造物影像记录

认识自然造物的朋友，大多都被自然造物推出的产品惊艳过，无论是遂昌龙粽、梁上茶、善果，这些从未见过的如此洋气的农产品，还是炭陶器、月白碗、铁盘、青竹刀，这些格调特别的手工艺品。打开自然造物的线上店铺，里面的产品不多，但每一件产品的质感都让人过目不忘。正如仲文所说，人在日常生活中所需要的器物其实并不多，吃饭有喜欢的碗筷，喝茶有中意的茶杯，总有件器物可以相伴一生。自然造物一直在寻找人与器物相处最舒服的方式。他们认为，人与器物最美好的关系就是长久相伴。

自然造物在不断采集的工艺、材料和手艺人信息的基础上，通过整合设计、优化制作链条等方式，让传统民间艺术换一种方式呈现在当下生活中。目前，自然造物将大部分的精力致力于保护美丽乡村的项目中，通过传统节日或者当地的特色活动聚合传统民艺和现代的生活方式。通过搭建平台、策划组织、开展对话沟通等方式，传播民艺之美，分享生活美学。当人们来到农村时，这里有手艺人做的伴手礼，有原汁原味的体验，有新鲜时尚的露营、音乐会，也有传统的地方特色的游戏、活动。民艺再造，让传统回归当下。再生，让传统在现代生活中获得生命力。

“大过中国节”让传统文化进入生活。2017 年，自然造物和浙江遂昌合作，在当地举办了一场持续三天的主题为“大过中国节”的盛大端午节庆——戏曲节目、赛龙排、千人长粽流水席、武术比赛、篝火晚会、茶山音乐会……通过节日伴手礼再造与节日庆典活动策划，让传统节日换一种方式回归日常体验（图 3-3-3）。这几年的“大过端午节”，自然造物一直主打浙江遂昌的“龙舟长粽”。这种长粽不同于常见的三角粽，长的甚至可以达到两米，然而其手艺在当地却面临着断代消失。为此，自然造物从商业逻辑出发将其中的传统部分有所保留，对长粽的生产包装做标准化品控，并在遂昌本地挖掘培训了上千名“包粽能手”，让他们在家也能实现创收。2018 年一年，全县售出 80 多万根长粽，仅包粽一项就带动了农民人均增收 6000 余元。相应地，当地的梅干菜产业、养猪产业、大米产业等也得到了发展。自然造物用一根粽子，提高了农民收入，助力了当地的扶贫工作。2019 年，自然造物又开始了新的动作。在文化和旅游部非遗司的支持下，自然造物正式接手杭州传统工艺工作站，将大运河沿线的传统工艺和非遗文化统一搬到城市里，打造一个“乡村城市会客厅”，让城市居民不受地理限制就能享受到乡村文化带来的美好。尊重手艺，尊重文化，在此基础上，运用当代的设计运营思维赋予民间手艺和传统文化新的价值，最后反哺这片供其蓬勃生长的土壤，让更多的人受惠。

图 3-3-3　端午节庆

二、慢物质

以设计师的身份介入创立民艺品牌“慢物质”，通过“民艺行走”等实践，以民艺为主题线索遍访各地手艺人，用开放式的合作广罗资源，曾令波开始了他与手艺人、设计师共同研创民艺产品的探索。难得的是，在出品的环节，慢物质不拘于手作的传统方式，加入现代化的机器生产，让民艺产品变得更加务实，也引发了我们更多的思考。

在慢物质之前，曾令波还做过很多事情。深圳是他的起点，从 2002 年毕业到现在，他一直在这里从事与设计相关的工作，并一步步成立了自己的设计品牌公司，做平面设计和品牌管理、策略方面的工作。几年前因接了一些和茶叶相关的包装和设计案，颇积累了一些知名度。有一次云南的客户邀请曾令波去给他们做品牌包装，那次云南之行，成为曾令波创办慢物质的一个间接契机。临沧市凤庆县的滇西一带是一片被茶叶浸润的土地，这里的高海拔原始森林中分布着极为珍贵的野生古茶群落。实地踏访到这些茶农和不为人所熟悉的野茶，刷新了他关于茶的三观。他产生了把这种好茶分享给更多人的想法，恰巧那时他正在考虑，要不要做一个属于自己的品牌，毕竟做久了乙方，在给他人做设计时总是有些不满足，无法在执行层面上让自己的想法得到实现。2014 年 4 月，结束找茶的第一站，曾令波和朋友就开始着手茶品牌的创办，他给品牌起名“山田土”。他将过去十多年的设计行业从业经验，糅合在这个具体的品牌上，开始了在微观的产品层面不断地探索。“山田土”这三个简单的字立于田字格里，符合他们对于做产品这件事情的定义：重新发现乡土价值，重构土地、产品、人、生活及创作之间的联系。自此他和伙伴们经常去往各大茶区，除碰到许多有趣的茶之外，一些民间手艺与手艺人同样让他们着迷。那些乡镇村落的手艺人，他们自然而然地存在着，是农耕社会一个组成部分。这让曾令波想起年少的经历。他父亲是一个典型的传统木匠，曾经在家乡川东大巴山享有很高的声誉，从家里吃饭用的桌子到娶新娘的嫁妆雕花床，都是他父亲擅长的手艺。20 世纪 80 年代后期，现代木工机械系统与电气系统出现，之后父亲不得不改行。他的少年时代便是在给父亲当助手的工作中度过的。工业文明对传统手艺带来革命性的冲击，这是那个时代的必然，但新的时代正在到来。在从事设计工作的第十二个年头，他决定重回父亲的这个行业，希望用自己的方法，来尝试民艺的另一种可能。以茶为引，慢物质诞生了（图 3-3-4）。

慢物质®

手艺人联合体

筆墨方® 跨界文房用具　茶畫會® 民間年畫創新衍生　錫木作® 新派錫工　措銅™ 手作定制茶道組

图 3-3-4　慢物质标识

如果说做茶品牌是曾令波对自己设计师身份的价值审视。而接下来，或是对自己手作者角色的期待。从某一个时刻起，他开始自称曾师傅，成天泡在工作室里，和他的刨子、锉刀、木头、铜等器具耳厮鬓摩。他花了四个月慢慢探索，历经 50 多次失败，总算从 10 种木头中选到了最适合的一种。他常常与合作伙伴因一个字体的选择讨论到凌晨，仿佛脑袋里的想法不讲出来就会井喷。各种脑洞大开的创意，加上超出常人的执行力，慢物质开始产出一些让人过目不忘的作品。

“措铜茶礼”是慢物质的第一个作品。茶是既有的资源，也是较容易被接受和包装的产品内容，况且云南省临江市凤庆县的野生滇红，一直是曾令波的心仪之茶。曾讨教大凉山打铜匠人学习技艺，并找到擅长金属研制的好友刘志炼，配上自己所擅长的木作，措铜为字，入木三分，一份隆重的茶礼加上手作者的精气神，在慢物质团队的夯劲儿下，很快呈现出来。延续之前的私人定制概念，一礼一名，手写致辞，让人看了很难不为其买单。第一批 100 份措铜茶礼很快就售罄，而且意料之外的是，设计服务和产品品牌两个团队的盈利能力已经相差不大。开了个头后，手作产品的研发变得顺畅起来，慢物质产品计划里，不断有新的手作人加入，和版画家二毛合作的木刻版画棠梨木礼盒，与方正字库合作开发的紫光檀纯铜活字纸镇……基于自身的从业经历，结合创意、先进技术和新媒体传播，曾令波一直在摸索传统民艺的出路。设计师的专业和前瞻在此时显现出来，一款纯铜活字纸镇，为了方便轻松装卸，曾令波找到中国科学院，采用了独创的侧插铜销专利结构，使得传统活字与现代科技结合在一起，在设计力中找到了传统手艺新的生产力。慢物质的口碑通过设计圈和一个个作品传播开来，一些商业的机会也不断找上门来。曾令波把手作产品、工具和体验带回家乡，在成都 SM 广场开办手作体验和展览，木纹茶礼成为广州家具展上别具一格的陈设，为中国最具影响力的文字主题盛会“汉字二十四小时”制作特别的定制茶礼……这些都是在慢物质成立短短半年时间内发生的事情，让曾令波和慢物质团队有些受宠若惊。对于刚尝到甜头的曾令波来说，做到这些还远远不够。喜欢木头喜欢字体，这是木匠之子骨血里的养分和身为设计师的本能。而下一步，慢物质要尝试做更多的产品输出。他想到的第一个行之有效的方法，就是“民艺行走”。在多次探访寻茶的过程中，曾令波遇到许多传统手艺人，而这些人和技艺促成了慢物质的诞生，这一次他想要走得更远。深圳先进的技术设备、数量可观的创新群体，以及这个城市宽阔的视野、自由生长的气息、包容的文化，是鼓励他去做这个尝试的前提。通过行走，深入民艺本地，看到它们最真实自然的状态，而且这种方式对基于民艺的产品联合开发而言，事半功倍。

行走是一个相对抽象的概念——不仅仅是走路。曾令波团队在思考一些更核心的问题：如人与物、消费市场与原生地、当下与过去等，产品只是思考的结果佐证而已。道路很长，每一个阶段，都是这条路上的一个脚印。一路走下来还形成了一个“奇怪”的组合，有慢物质的固定班底，也有对同一个产品议题感兴趣的专家顾问，还有路上拜访的手艺人变成合作方，不同行业的资源进入慢物质研创团队，边走边看边记录，基于产品，各方形成开放性的合作，进行明确的任务和权责划分，共同享有产品的知识产权。第一阶段行走的路线规划，主要基于慢物质产品开发方向。比如武夷山的岩茶、川滇的打铜，所获得的产品思路陆续落地，而目前行走的东线，是一个关于传统笔墨匠人的寻访活动，这条线路的规划与推进，是为接下来准备开发的文房产品做准备。“笔墨纸砚”是曾令波所喜欢的，也打算在产品里用到这些元素。从南昌出发，一路经文港、铅山、婺源进入安徽绩溪等地，每一站行走自然地落入项目，成为曾令波口中“有所保留的即将问世的一系列产品”。“1000 年前，晏殊在文港出生，200 年后，辛弃疾终老铅山。只花了两天，两宋之间这一页就翻了过去。”这是他对“笔墨方云游”其中一段行走的描述。

曾令波在创立自己品牌的过程中心理体验发生了一些变化，像大凉山遇见的彭氏家族就让他十分有感触。彭氏家族世代打铜，最早可上溯至明代，家族里年轻的铜匠还会到城市去学习最新的加工技术，在像曾令波这样的创客走进民艺的同时，民艺也在主动地寻找出路。未来的行走路线会更丰富，不过度消费“手作”“匠人”的概念，而是切切实实地将手作与生产力相结合，研创更多有人格力量的民艺产品，让“慢物质”这三个字变得更有分量。传统民间手艺人所创造出来的作品，曾经承载着无数代人的日常生活智慧，以及我们对于整个民族和国家的人文知识的记忆来源。而在当下，我们发现它的价值被湮没了。把我们所掌握的设计理念和设计技能，以及立足于深圳的这么一个国际城市的视野加载到传统民艺里面去，重新去了解并激活中国民间手艺所蕴含的可能性。在中国民间手艺的生态链条里面一个显著的现象是，他们（手艺人）各自在某一个板块是很专长的，但是对于跨领域整合乃至于立足于当下的设计和创新，他们是缺失的。因此，作为设计师，介入进去后的必要性与优势就非常明显了。当技术和功能成为一个基本的标配的时候，设计成为产品自身的一个制高点。而他们的行为与作品，是对乡土文化传统民俗得以继续创新最好的承载。用复兴民艺的方式引发社会对乡土资源的重新思考，结合设计理念以及文创产品的打造，乡土文化的价值通过文创的方式被再度唤醒。

第四章　文创市集

第一节　原创性——文创市集的核心竞争力

每个城市文化发展的多样性与趣味性促成国家文化呈现的多元性与可续性，文化强国的战略目标需要更多文化创意形式的落地建设，而文化创意市集所体现的不仅仅是一种来自民间的文化现象，更重要的是民间自发创意的涌现及城市创新能力的表达（图 4-1-1）。它的出现与日渐繁荣体现了一个城市居民生活的品质感与舒适度，也成为城市旅游竞争力的重要元素。

图 4-1-1　文化创意市集一

文化创意市集的概念随着时代的进步与经济环境的变化而不断完善。在现阶段，文化创意市集可以理解为在特定时间、地点，展示、售卖个人原创产品的交互活动，是体验经济大环境下出现的一种推广创意产品的自发行为，它既区别于传统出现的地摊市集，又与文化创意产业、创意经济大发展的背景密切相关。

值得注意的是，文化创意市集在凝聚城市创意力量，营造城市创意氛围方面有着不可替代的积极作用，将创意市集放到创意阶层的培育、创意城市的建设及城市文化发展的层面来探讨其意义，能够对城市文化的发展以及创意产业的多元孵化带来很多具有建设性的参考价值。文化创意市集是民间创意力量的自由集合，它是时代精神与文化意义更灵活的呈现，为很多热爱艺术，拥有技能、审美追求及创业梦想的年轻人提供了发展的机会与平台。

毋庸置疑，我们已经进入一个文化跨界大融合的时代，生产者和消费者、专业与非专业、市场和非市场以及产业之间，诸多界限都被打通。很多重要的创造通过各种信息渠道呈现出来，越来越多的灵感取自民间，通过实践者的努力又回馈于民间。创意经济大潮所焕发的大众创业与大众创意的激情为文化产业的发展输入了重要的民间的智慧与能量。虽然，文化创意市集从历史维度上研究，并不是新生事物，但是我国近年来呈现的文化创意市集却表现出强有力的生命力。

中国第一场创意市集是作为 2016 年 11 月广州国际设计周的一个活动单元呈现出来的。发生在十多年前的此次创意市集由广州《城市画报》策划并落地，主办方举办创意市集的目的在于，为民间艺术创意人或设计师提供一个交流沟通的平台，以更自由的方式呈现艺术对城市发展带来的影响。这次市集为民间创意产品制造了一个低门槛、低准入与市场接轨的机会，并奠定了创意市集表现创意产品、做原创设计的核心理念。中国的创意市集在 IMART 创意市集的尝试中获得了现实形态，呈现效果出乎意料，之后文化创意市集在广州、北京、上海、深圳、杭州、重庆等地陆续兴起，并迅速扩展至全国许多大中城市（图 4-1-2）。市集以原创设计产品及手工制品为主，配合创意轻食与小型演出等，成为市民阶层喜闻乐见的娱乐消费场域。

图 4-1-2　文化创意市集二

文化创意市集“重创意”“有个性”“够时尚”的理念得到了年轻创意族群以及城市中产阶级家庭的广泛认同。越来越多的市民把举办文创市集的地方作为聚会及休闲的首选地点，而更多的商业价值在市集的平台上得以实现，文创市集成为很多景区乃至品牌推广的特色活动之一，吸引大量客流。从2016年到2019年，文创市集在各个城市出现的频次越来越高，很多城市都产生了具有地标性文化影响力的文创市集品牌，而创意市集产品的新鲜、场景互动好玩和与众不同的推广传播方式都与原创性相关，文创市集之所以能够显示出其他文创活动不可替代的一面，是因为其在发展壮大的过程中，一直将“原创”作为核心竞争力，而持续的创新能力正是当代创意城市发展的基本动力。

第二节 价值观输出——文创市集的创意价值体现

在文创市集中，富于创意、独树一帜的文创产品最受市场推崇。而缺乏原创、只为赚取差价的常见流通产品为市集的创意人所鄙视。这种原创性，使创意市集不同于交流初级产品的传统乡村市集，也不同于仅限于交易二手物品的跳蚤市场，更不同于众多的各类一般集市，而是以市集的交换形式为平台搭建，为当代城市拓展出了新型文创空间。

文创市集不止于提供产品，它还倡导一种文化价值与生活方式。创意市集上的年轻族群是当代创意阶层中面向未来、富于朝气与活力的重要组成。他们往往有主动把控生活的自觉意识，在组成文创市集摊主的人群中，有艺术类院校或专业毕业的学生，也有因为热爱艺术创作跨界转行的手作艺人，更有通过艺术形式或理念自主创业的创业团队与个人，他们能够，也愿意更自主地创造生活、开拓未来。并且，出入文创市集的年轻族群是富于时代特征的新一代文化创造者。他们乐于认同把艺术追求与品质体验合为一体的生活方式，这种生活价值观吸引更多同类型的人来到文创市集，共同创造与享受自主的体验方式，摆脱束缚地去创造文化、创造生活。

喜欢文创市集的人表现出更独立的人格特质，也愿意主动迎接生活变化的挑战，用于探索商业模式与探讨发展经营的新路径。文创市集里的摊主没有统一的组织，却能够并存于相对固定统一的平台，他们不依靠政府资助，从产品诞生之日起便在思考市场化生存的种种问题。这种相对独立与原创的商业模式探讨表现出有别于一般创业方式的吸引力，所以说文创市集的精神内核是生活价值观的输出与聚合。在文创市集活跃的人群，他们的接纳性与包容性更强，他们大多数并不是活跃在专业领域的设计师，也不是来自知名企业的成功人士，恰恰相反，大多市集的摊主是初出茅庐的民间设计者或新生独立设计师，而多数来自民间的草根设计体现着民间原生的巨大文化创造力。由此可见，文创市集是一个草根设计和民间艺术的创意空间，也是城市文化发展最有生命力的领域所在。

在蓬勃发展的城市文创产业中，相比出版、演出、动漫、会展、影视等产业的规模化，文创市集的发展往往缺少政府背景以及专项投资，它具有自发性与边缘性的特征。但正是文创市集的诞生并非始于上层设计，才赋予它带有更容易为人接受的生活价值观输出。在文创市集的交易中，除了产品的交换，更多发生的是情感的交流。在这里，人人都可以是艺术家，人人也都可以感受艺术的魅力与美好。文创市集是一个开放式的平台，唯一的考量是参与者是否有着相对一致的审美观念，有创意的产品总能赢得关注，而创意的本身就是生活的态度。

在文化创意产业领域中，创意市集处于边缘状态。参与市集的大多数是两三人的工作室甚至是一个人的独立设计者，他们在文创市集里试探性地寻找机会，并完成对于产品及创意理念的检测。是否有人喜欢自己的产品并为之消费，是文创市集摊主衡量创意行为是否存在价值的简单依据，但却不是唯一标准。相比当代产品的产业化、批量化和高新技术，文创市集里的产品表现出相反的手工性、小批量、低技术、低成本的特点。虽然有些技艺在市场上显得非常稀缺，有些产品也表现出独一无二的审美特性，但文创产品的整体气质却非常亲民。摊主的作品凝聚着个人的灵感、才华与创造性，有些产品还讲述着属于创作者的神奇故事，成为品牌文化得以发展的内在动力。文创市集的产品即为作品，艺术感染力强，最核心的特质是“重创意”“有个性”“够时尚”，以个人的灵感、才华与创造性赋予产品以价值，并创造出自己的市场机会与社会影响力。它的手工制作、小批量生产的特征体现着当代市场细分、个性化定制的消费趋势与消费者的精神需求。

第三节　品牌塑造——文创市集发展的本质诉求

文创市集是城市文化的鲜活载体，品牌塑造是文创市集发展的本质诉求。“创意市集”的概念是在2005年由中国台湾女设计师王怡颖提出的，当时在英国中央圣马丁艺术与设计学院学习视觉设计的王怡颖，采访了16位于伦敦托菲尔德市集上做摊主的设计师和艺术家，当她把采访结集出版时，她在市集前加了“创意”二字，因为她采访的都是市集中的产品设计者或创作人。王怡颖的这本书以及“创意市集”的概念很快在国内的创意圈，特别是年轻人中获得了积极响应，唤起国内许多热爱艺术的年轻人的创作热情。中国第一场创意市集于2006年7月在广州首创开办，其主办方定位于“年轻人与城市”，关注都市年轻人的生活形态和城市新文化，倡导原创精神，做“新生活的引领者”。IMART，既有“Idea-Mart”（“头脑创意的市集”“点子市场”）的含义，又有“Iamart”（人人都是艺术家）的梦想内涵。这场创意市集共评选入围了100位申请者，并配合当年广州国际设计周的系列活动呈现，创意市集上的产品以年轻人时尚、潮流的原创手工产品为主，组委会从中评出10个优秀创意作品，并进行了颁奖。除产品售卖外，市集上还有创意讲堂、多媒体艺术展、原创乐队表演、潮流秀、街舞、角色扮演等嘉年华式的文化艺术活动。广州电视台、《南方都市报》、视觉中国、设计在线等数十家电视、平面、网络媒体对此次创意市集进行了报道。2006年12月，《城市画报》出版了《创意市集》特刊，不仅如此，在广州活动之后，IMART创意市集开始在国内其他城市巡回举办。以此为开端，文创市集的名称被广泛使用，创意者与设计师有了自己聚会的方式，并通过特定空间开始积累流量。

由于创意市集的大多数原创产品都与文化艺术有关，随着文创产业的兴起，文创市集的名称渐渐取代创意市集，其文化创意的特质被强调出来。文创市集倡导优质产品、优质消费，而在这里所倡导的优质产品与优质消费并非一定要求高端消费、奢侈消费，而是消费的产品有创意、有个性、有趣味、有理念。在逐渐发展中，文创市集上的产品基于表达创作理念的需求，更注重品牌的塑造与设计内容的传播，品牌的塑造更符合市场细分以及个性消费的发展趋势。产品的独创个性呈现基于品牌的独一无二，也正因如此，文创市集上的作品都会注重品牌的发展，或早早为品牌发展做准备。

随着文创市集在很多城市的频繁举行，逐渐凝聚、形成了一批爱创意、懂设计、有趣味的新型消费群体，他们不再局限于年轻人，而更多的是讲求生活品质，有艺术梦想和审美追求的城市居民或游客。从市集摊主到市集主办方，从产品到市集美陈，从购买方式到传播体验，文创市集成为展现城市的重要形式。不仅是文创市集里的设计师与作品，文创市集自身也朝品牌化方向而去。

文创市集的品牌化有利于我国当代多元化的消费市场发展与更高品质的文化消费群体培养。它是当代青年文化与城市文化鲜活的新载体。无论在一线城市还是国内其他城市，创意市集的产品提供者、消费者，甚至主办者都越来越高知化、专业化、年轻化。他们来自不同的城市，具有不同的文化背景，很多国外的设计师与艺术手工业者也会频繁参与中国的文创市集。他们年轻、热情、怀揣创造的梦想，将创意市集作为他们的舞台与实验场，检验、校正、实现他们创意落地的种种可能。他们的搞怪与异想天开都成为创意文化发展最自由活跃的基因。他们中的一些人从创意市集摆摊到形成自己的品牌，再到独立开店经营而成功创业。某个地区的文创市集成为这一地区的文创孵化平台，不仅仅是交换产品的场域，更多文创市集的品牌效应促使它们成为一座城市的文创名片。

第四节　文创市集品牌分析

一、北京：伍德吃托克市集

成立于2015年的伍德吃托克城市文创品牌是集美食、音乐、娱乐、互动、新消费品牌于一身的大型城市嘉年华厂牌，目前旗下除城市嘉年华“伍德吃托克”外，还有音乐厂牌“好看的音乐”，城市综合实体空间“伍台Woodstage”。伍德吃托克致力于发现新鲜的城市生活方式，推广消费品牌，目前已在北京、上海、杭州、郑州等多个大型城市举办现象级青年线下活动，与上千独立品牌与媒体合作，影响人数达千万，成为年轻人的新鲜城市目的地。伍德吃托克市集被定义为未来青年的消费场。这里是本地最具活力的新商业和新品牌的展示舞台，以及年轻人所钟爱的购物、美食、文化体验之地，仿佛一本流动的城市新生活杂志。不同于传统的购物场所，持续的开放性、流动性，以及启发灵感是伍台的运营目标。这里既有同步国际城市的街头美食体验，值得驻足的音乐现场，也有刷新美学体验的产品、书籍，以及和众多年轻艺术家、新锐品牌一起合作的实验项目和聚会。作为目前国内最受欢迎的年轻创意市集之一，以吃货为名迅速蹿红的伍德吃托克仿照的是纽约的布鲁克林夜市，理念是在让大家享受美食欣赏艺术表演的同时享受创意设计带来的美妙。在伍德吃托克不仅能淘到让人心仪的小玩意儿，还能体验当下最新鲜的生活娱乐。伍德吃托克几乎集结了北京所有有意思的独立品牌和小众设计师（图4-4-1、图4-4-2）。

图 4-4-1 伍德吃托克城市文创品牌一

图 4-4-2 伍德吃托克城市文创品牌二

二、厦门：旧物仓复古市集

作为全国知名的文创品牌之一，“旧物仓”从塑造生活方式的空间业务起步，以旧物、花砖等复古美学为记忆点，搭建从供应链端到销售端的完整链路，业务覆盖空间运营、餐饮、家具、新零售等。其中“旧物仓复古市集”是国内最有影响力的文创市集品牌（图 4-4-3）。2019 年“旧物仓”在深圳、珠海、北京等地复制了分仓，并进驻城市文创园区、商业中心和文旅地产等多种地产形态，为空间提供差异化内容和复古美学体验业态。为了便于复制，其空间规划基本保持一致，包括五块，Good one 旧物仓（把近百年历史的旧物做场景化陈列）、中古厨房（共享厨房＋风物食材店）、生活美学院（课程、讲座）、时光花园（茶饮）、复古市集。复古市集以合作的方式引入国内诸多文创品牌，其中“自然家”“国棉一厂”“明白生活”“谈木集”“旅行者文具”等生活方式品牌，借助复古的消费场景，完成从场景体验到零售、社群服务的生态体系。生活美学院会定期举办手工艺课程、文化讲座等付费课程。为合作方提供线下的教学空间，以此增强内容的吸引力和社群黏性，成为引流方式、创收方式之一。不仅如此，“旧物仓”近年开始与垂直产业合作，发起“Good one+”计划。活动方面，“旧物仓”和新一代旅宿运营商 TTG、京东拍拍二手等合作过市集；“生活美学课”和台湾东喜合作了小岛美学展演计划；“中古厨房”则计划和生态诚品展开供应链及社区端合作，场景化销售风物食材，演化成了集合食品、食器、原产地食材采购销售的新零售餐饮空间。旧物仓在重点布局复古家具，和山隐造物设计团队、杭州某供应链合作设计开发。

图 4-4-3　旧物仓复古市集

三、广州：IMART 创意市集

广州是中国创意市集的发源地，由《城市画报》、创意中国网于 2006 年举办的 IMART 创意市集在广州成功举办（图 4-4-4）。《城市画报》编辑总监刘琼雄、副主编黎文在探讨中国城市及年轻人的创意街头活动时采用的是实验行为，他们的口号是“给创意一个出口”“有创意就有回报”。这个活动不仅给了坚持原创的年轻人一个交易的平台，同时也期望能改变枯燥的中国城市文化生态。创始人刘琼雄提出，创意市集本质上是一个平台，它的意义在于让民间的创意力量获得活动和成长的空间。IMART 创意市集所倡导的原创性理念，它所开创的摆摊形式、以城市青年为主要对象、融汇多种现场时尚文化艺术活动的组织模式在后来遍及全国的创意市集中被普遍借鉴，对全国文创市集的发展起到了重要的推动作用。红专厂创意市集是一个在广州较有人气的市集品牌，并长期举办周末市集。红专厂创意市集地处广州天河区的红专厂文化创意园区，由原来广州鹰金钱罐头厂旧厂区改造而成。红专厂园区是广州市重点建设项目，为“首批国家级文化产业试验园区”。园区中聚集了百余家艺术家和设计师工作室、文创企业、展览馆及创意体验区。

图 4-4-4　IMART 创意市集

四、广州：大美市集

广州大美市集是以设计美学为起点，致力跨界，将设计体验与美食、教育、花艺、音乐、匠心手作精心地结合的城市文创市集品牌（图 4-4-5）。在市集里，体验者可以与朋友、家人尽情分享美食，挑选原创独立设计品牌的饰品，走进文艺概念型店铺，体验纯正的异域美食，现场互动制作创意美物，更有各种互动性极强的农业体验、家具设计体验等与生活美学息息相关的内容尝试。创意是活力的来源，设计是如此，生活也是一样。艺术衍生品、手作漫画、创意手工台灯、时尚配饰品等体现了创意与居家实用型的完美融合，将创意和品味真正带到人们身边。这里是创意设计灵感交流的平台，也是生活美学的创意社交与优秀设计项目及产品的孵化平台。

图 4-4-5　大美市集

五、深圳：T 街市集

深圳是中国改革开放的先锋城市，得益于其良好的创意、创业氛围，文创市集在深圳遍地开花：华侨城 OCT-LOFT-T 街、中心书城、海岸城海德广场、海雅百货以及深圳大学、深圳职业技术学院的校园……不少深圳人已习惯在周末去逛创意市集。依托创意文化街区举办创意市集是深圳市集的一个特点。OCT-LOFT-T 街创意市集是华侨城集团华侨城创意文化园举办的一个周末市集，在每月的第一个周末举办。华侨城创意文化园位于华侨城原东部工业区内，园区占面积约 15 万平方米，建筑面积约 20 万平方米。2004 年之后华侨城将旧房改造为创意产业的工作室，引进设计、摄影、动漫等各类创意产业，工厂区被转换为创意空间 OCT-LOF-T 华侨城创意文化园。创意园分为南北两区，南区形成画廊、艺术中心、出版、演出、艺术家工作室、设计公司的聚集地。北区强调个性创意街区的概念，规划为文创市集。每位创意人在活动前先提交摊位申请表，由组织机构产品进行筛选，确定之后通知申请者，市集场地及摊位由 OCT-LOFT 华侨城创意文化园免费提供。在创意市集上不仅有造型奇特的手工布艺公仔的意性化饰品饰物、小型创意家居用品，还有旧货交易区，人们在这里交换旧书、古董及有时代记忆的旧玩具等，这些都是消费者热衷的原创艺术产品，种类从品牌的消费到原创设计的消费。经过多年的稳定经营及艺术化营销推广，一些从创意市集里走出来的品牌开始以一种新的经营模式——“前店后坊”式创意店来继续自己的创意经营之路（图 4-4-6）。

图 4-4-6　T 街创意市集

六、澳门：塔石艺墟

澳门塔石艺墟文创市集自 2008 年起每年举办，现场设有文创作品展、舞台表演及手工作坊等，集中展示文创产品带给人们的艺术魅力。塔石艺墟是一个让文创人士展示才华、建立联系的平台，自创办十年来，艺墟规模不断扩大，参与此活动的文创人士也越来越多，产品丰富多元，这反映了澳门文创界一直在不断创新进步。主办方在不断优化活动，为文创工作者提供更好的平台，呈现澳门更多的文化创意产品。市集每年举办春秋两季，来自马来西亚、新加坡、韩国等国的文创人士，共设两百多个展台展示他们的文创作品，包括饰品、时尚设计、手绘、画作、家居摆设、创意盆栽、手制天然产品、皮革制品等。现场还设有多场创意手作坊，由来自不同地区的展主担任导师，传授手艺制作技巧。同时，还设有现场音乐演出，并开设具有地域特色的文化娱乐互动项目，以增加消费者的体验品质感。澳门塔石艺墟不仅仅是亚洲地区的文创市集知名品牌，更是澳门文旅的重要名片，目前已发展成为澳门文化活动中最著名的文创品牌（图 4-4-7）。

图 4-4-7 澳门塔石艺墟文创市集

七、香港：JCCAC 手作市集

旧工厂改造而成的 JCCAC 香港赛马会创意艺术中心，它的前身是 20 世纪六七十年代的家庭式“山寨厂”聚集地——石硖尾工厂大厦。2008 年经香港政府活化历史建筑的改造，成为艺术村和艺术中心，同时也是获得香港建筑师学会“全年境内建筑大奖”的改建项目。JCCAC 建筑内部，旧工厂元素、缤纷的色块墙成了大家拍照的好地方，JCCAC 除了有常驻的艺术工作室，还有剧场、艺廊，并且定期举办活动。JCCAC 的手作市集每个季度举行一次，不仅有常规的摊位，还有体验作坊、露天电影、乐队表演和工作室导赏。JCCAC 的手作市集规模比较大，室内外的展区共有上百个摊位，每次市集平均能吸引近两万人前来游玩。除了香港本地的创意团队之外，还有不乏来自泰国等许多国外的创意团队也参与到这次活动中来。摊位种类十分丰富，风格多样，整个逛下来简直眼花缭乱。还有许多摊位在现场制作，大家可以随时定制自己的独有小物。手作市集摊位上人头攒动，这里各个年龄层的观众都有。值得一提的是，文创市集与独立工作室形成良好的资源对接。JCCAC 共有大大小小一百二十多个独立工作室，涵盖了玻璃、金工、编织、陶艺、绘画等方面。JCCAC 更注重创作探索和体验实践，喜欢接触艺术创作的朋友可以亲自和里面的艺术家进行面对面的学习和交流，大多数工作室兼顾着制作与零售，为完整商业模式的探讨做出努力。香港政府为扶持文创产业做出很多努力，香港艺术家既保留了本土特色的文化，又能够对接国际市场，而一些小型的工作室也能跟大众很好地进行互动交流，将自己的创作转化流通，组成一个健康可持续的文创产业链。这里没有工业化的批量生产，每件手作小物都蕴含着创作人双手的温度和美好心意（图 4-4-8）。

图 4-4-8 JCCAC 香港赛马会创意艺术中心

八、济南：洋货儿济南文创市集

洋货儿济南文创市集是济南当地最有影响力的文创市集之一，由本地文化传媒公司以及艺术院校团队共同打造。团队所创建的“洋货儿济南”城市文创新 IP 系列，包括城市文创周边设计及展演、创意市集、原创艺术装置、艺术手作体验等。洋货儿济南文创市集综合利用济南城市文化独有资源，与高校艺术专业师生建立密切合作关系，汲取艺术与文化创意养分，展现济南文创 IP 的创新活力以及体验品质。洋货儿济南创意市集，在保留市集的城市烟火气与美好生活的亲切感的基础上，又加入新玩法以增强文创新 IP 的体验性与互动性。通过不断探索文化元素融合的可能性，搭建文创手作品牌孵化平台，展现济南本土文创设计策划的创造力。洋货儿济南文创市集每周持续以不同主题出现在城市知名商业及景点，并进行原创手作品牌孵化，其中原创品牌“国潮蓝”及“花时间”系列，受邀参加澳门塔石艺墟文创市集，获得好评（图 4-4-9）。

图 4-4-9　洋货儿济南文创市集

九、云南：大理文创市集品牌

（一）柴米多市集

柴米多市集旨在聚集大理具有健康的食物、特色手工艺品，为大家提供一个分享交流的平台，建立属于大理人的生活市集。每个月的某个周末，隐居在大理各地的手工艺人、音乐家、生活美学家都会聚集在大理下鸡邑村附近的农场草坪上。下午四点，音乐响起，40 多位摊主带着他们引以为傲的作品，在柴米多市集等待青睐他们作品的游客们。除此之外，柴米多市集还是一个精神混合体。柴米多供销社、柴米多餐厅、柴米多农场……“柴多、米多，才是生活的本源”这是创始人的经营理念。在未来，柴米多绝不只局限于农场、餐厅和市集。柴米多正慢慢拓展为一个极为综合的生活方式品牌（图 4-4-10）。

图 4-4-10　柴米多市集

（二）床单厂艺术区

床单厂艺术区创建于2014年，是中国西部的文化艺术中心。区内有画廊、展览区、摄影博物馆、书店、咖啡厅、音乐工作室、瑜伽工作室，以及其他各种艺术类的私人工作室。日益增多的展览和活动在大理床单厂艺术区举行；每个月月末，市集汇聚了大理传统的手艺和世界各地的美食；艺术区的礼堂里上演着或经典或现代的节目。通过持续搜集历史意义深厚的老照片、不断更新收藏、长期地展示，大理摄影博物馆成长为中国领先的影像资料库。床单厂艺术区一般在每个月的最后一个周末举办，为月末市集，集合了众多在大理的艺术家、手工艺人、作家、音乐家、画家、摄影家、设计师，以及美食厨房、独立书店、陶艺社、画廊、咖啡馆、普洱茶馆、影视媒体工作室、音乐人工作室、建筑设计等40多家工作室组成的众多领域人才，融合了大理文化艺术的多元形态。床单厂艺术区国际艺术家驻地项目（AIR）自2017年3月启动以来，长期持续举行国际艺术家驻地项目、艺术展览、艺术家分享会、月末市集、音乐会、艺术节等多种活动，不断提升大理在文化艺术领域的地位（图4-4-11）。

图4-4-11　床单厂艺术区

（三）四季街市

在苍山洱海下享有最美菜市场称号的四季街市，每个周末作为极具文艺气质的商业社区，汇聚了新旧大理融合的声、色、味，100多位手艺人齐聚四季街市，现场展示手工艺术品，同样有趣好玩的还有文艺演出、美味长街宴、四季优惠大促等活动。除了常态市集，四季街市还会举办长街宴，长街宴席是云南招待四方宾客时令人叹为观止的美食传统。这里秉承的是绝对的“吃的自由”，长桌一溜摆开，不分老幼尊卑、贫贱富贵，来者皆是客。作为大理最热闹的市集，四季街市欢迎长居大理，或是全国各地的市集摊主前来，每一份生活的乐趣、每一口珍馐的美食，四季街市都欢迎加入，与本地文化更密切的融合让文创市集凭借民俗的魅力展现出大理旅游资源的独特吸引力（图 4-4-12）。

图 4-4-12　四季街市

（四）水花市集

在大理还有这样一个地方，在才村与古城之间，聚集了这样一群人。他们玩艺术、玩音乐，将一切均为可能的艺术，于荒诞中自我证明，于废墟中诗意重生。水花文青部落是云峰投资集团旗下的子公司，位于大理古镇月华路才村旅游专线（南国城后），地处苍山、洱海、古城、喜洲四大核心中心位置，是才村与古城游客对流必经之路，车流、人流密集，交通便利。酒吧、啤酒屋、餐厅现已落成，每天有歌手驻场表演，常年举办艺术活动，客源稳定。作为大理的文化艺术新地标——水花庄园，文青们在这里找寻艺术与生活的临界，草地、啤酒和音乐成为水花最初的定格符号。除了每个周末的水花市集，每周六水花乐玩农场更会举办水花落日派对，用互动性更强的形式增强市集的艺术体验感，从而打造大理的文旅个性名片（图 4-4-13）。

图 4-4-13　水花庄园

第五章　文创园区

第一节　城市发展的新生活力

随着全民文化意识的提升，以及各种新技术手段的加持，我国文化创意产业呈指数倍增长。作为文化创意产业载体之一的文创园区也呈现了高速发展的态势，各省市和国家级的文创产业园数量日渐增多，成为城市发展的新生活力。虽然国内外至今尚无对文化创意产业园概念的统一界定，但可以这样理解文化创意产业园存在的功能，是一系列与文化关联的、产业规模集聚的特定地理区域，是具有鲜明文化形象并对外界产生一定吸引力的集生产、交易、休闲、居住于一体的多功能园区。也有业界专家认为，文创园区指的是特定的地理区位，其特色是将一座城市的文化与娱乐设施以最集中的方式集中在该地理区位内。

文创园区是文化生产与消费的结合，是多项使用功能（工作、休闲、居住）的结合，它是一个在城市中具备完善组织、明确标示、供综合使用的地理性空间。很多城市的文创空间提供夜间活动且对相对区域内的文化资源进行有效组织，让城市魅力得到充分展现。文创园区是文化产业和设施高度集中的地方，这些集群由文化企业和一些自己经营或自由创作的创意个体组成。有些园区还包括儿童玩乐的场所、图书馆、开放和非正式的娱乐场地，成为城市公共空间的活化形式及公共文化资源的重要价值实现场域，在这些园区中都配合政府的政策支持。文化创意产业园区成立的基本前提是文化生产与消费活动的呈现，文化产业的核心内容是创意，而创意灵感的获得往往来自与其他相关产业的充分合作及交流互动。在众多的活动中特别是多样化文化聚会地点的出现，为人们相互交流以获取灵感提供了平台。因此，设置集聚地点通常被考虑到文化创意产业园的发展策略中。文化创意产业园区应该有非常多功能的公共领地，为人们提供聚会交流的空间，也为园区内的交易提供场所，这样一个区域具有强烈的渗透性。

文化创意园区需要产业的支撑，并有鲜明主题及审美风格，这些取决于文化园区的活动、风格、形象。成功的文化创意产业园区应是革新和创意的地方，在设计和欣赏方面经常是超时代的，并且这些超时代理念被带入园区的建筑设计、内部装饰，甚至重要街道和空间的照明等方面。文化创意产业园区是创新理念，是文化项目以及新产品的孵化平台，因此，文化创意园区具有发展意义。如今，以城市中的旧厂房、旧仓库为划分标准的文化创意产业园不断涌现，有力推动了文创产业规模化、集约化、专业化发展。在从工业遗产转变为文创园的过程中，不仅保留了原有工业遗产的面貌，使其发挥废旧厂房、仓库的使用价值，更重要的是为老一辈产业工人留下了精神寄托，同时也保留了珍贵的工业精神文化，使其以一种文化姿态，服务产业发展。工业遗产活化利用、老旧厂房改造升级的做法值得推荐。要根据原有工业遗存的特点以及所在地区的文化资源禀赋，配建文化馆、图书馆、博物馆、剧场等文化设施，增加“社区客厅”“口袋公园”等非营利性文化服务设施，为文化产业提供写字楼和办公区，以弥补当地公共服务设施的不足，与周边社区共同形成良好和谐的文化生态。

不仅如此，文创园区的涌现也为开发城市新兴旅游资源做出贡献。文化是旅游的灵魂，旅游是文化的载体。文化创意产品既是文化产品，也是旅游产品。文旅融合是未来文化创意产业发展的必然趋势。关于文旅融合，迪士尼乐园就是很好的例子。迪士尼创造的是一个虚幻的世界，但却涵盖丰富的旅游资源，并衍生了大量的周边产品。这为许多城市的特色文创园区运营提供了思路，文创园区可以通过利用地标、文化、景点的表现方式实现品牌化发展，从而创造更高的市场价值。事实上，文创园区集文化、科技、技术等为一体。要充分利用园区的使用价值，使园区和它周边的街区形成一个可以参观、玩乐的景点，这是未来城市发展的方向，也是对文旅融合的积极响应。要运用文旅融合中产业的互动性，提升文旅发展的质量，使其成为文旅融合的动力。新业态创新、新技术应用、新 IP 打造、新产品体系、新商业模式、新媒体应用构成了文旅产业融合的创新方向。近年来，随着大数据、人工智能、5G 等智慧技术的应用，文创产业也朝着更信息化、更智能化的方向发展。新技术的应用不仅可以提升文创园的服务能力，还能满足文旅融合趋势下游客更个性化和更深度的体验，已经成为文创园发展的新引擎。面对激烈的市场竞争，更多文创园区抓住数字时代机遇，探索智能化、数字化、创新化的新路径，让文创园区的功能更加多元。

第二节 文创园区的发展路径

从不同的角度出发，文化创意产业园有不同的划分方法。根据其功能，文化创意园区分为四种类型：产业型、机构型、博物馆型、都市型。（1）产业型。这类型的文化创意园区主要是以积极的外形、地方文化、艺术和工艺传统为基础而建立的。此类园区的独特之处在于其“工作室效应”和“创意产品的差异”。（2）机构型。这种类型的文化创意园区主要是以产权转让和象征价值为基础而建立的。其基本特征是通过正规机构的标准化管理，将产权和商标分配给受限制的生产地区，完成有效的文化资源的创新性配置及文化产业的创新型打造。（3）博物馆型。这种类型的文化创意产业园主要是以网络外形和最佳尺寸搜寻为基础而建立的。园区通常围绕博物馆网络而建，位于具有悠久历史的城市市区。其本身的密度能产生系统性效应，吸引旅游观光者。（4）都市型。这种类型的文化创意产业园主要是以信息技术、表演艺术、休闲产业和电子商务为基础而建立的。通过使用艺术和文化服务，赋予社区新生命以吸引市民，抵抗工业经济的衰落，并为城市塑造新的形象。

结合国情，我国现有文化创意产业园类型的划分随着时代的发展呈现出更为聚焦的个性化特点，笔者主要从区位基础、园区性质等方面进行讨论。其中，以旧厂房和仓库为区位基础的文创园区非常多见。城市中被废弃的旧厂房和仓库，因其宽敞明亮的空间及廉价的租金，或面临闲置空间再改造的境遇，往往成为文化创意园区项目规划的首选位置。我国许多成功的文化园区就是以旧厂房和仓库为区位基础的，如我国较早出现的大山子艺术区依托于北京朝阳区酒仙桥路 798 工厂的老厂房；上海近些年成长起来的创意产业园区绝大部分也是由旧厂房和仓库改造而成的；泰康路 210 弄的“田子坊”创意产业园区，位于上海 20 世纪 30 年代最典型的弄堂工厂群；建国中路 10 号的“八号桥”创意产业园区，位于上海汽车制动器公司的老厂房。这些创意产业集聚区，利用现有建筑创造了创意产业发展的平台，又保护了历史文化财产，是文化产业与工业历史建筑保护、文化旅游相结合，建筑价值、历史价值、艺术价值和经济价值相结合的良好典范。此外，以大学尤其是艺术类院校为区位基础的文创园区也非常多见。学校作为人才培养的摇篮，可以不断开发新的科技，诞生创新力量；同时它又是各类人才的聚集地，不但培养人才也吸引着各领域最优秀的人才；学校也是一个开放的社区，是一个提供多元文化的场所，大学往往成为城市或地区文化创意的中心。因此，依托大学发展文化创意园区也就成为一种重要的途径。如上海的杨浦区赤峰路建筑设计一条街依托的就是中国著名高等学府同济大学，上海长宁区天山路时尚产业园依托的是东华大学和上海市服装研究所，正在建设中的中国人民大学文化产业园及 TCL（广州）文化产业基地都是以大学为区位依托的。

值得注意的是，作为城市不断外拓的必然结果，以开发区为区位基础，文创园区的建设作为城市新区文化配套以及商业地标的设计模式，也被很多城市运用。这类文化创意园区主要是以高新技术产业园区为区位基础的。因为高新技术产业园区内高新技术产业发达，高校、科研机构、高科技企业聚集，科技与文化相结合的智力型人才众多，所以最适宜发展文化与科技结合的文化产业。高新技术产业区有着大量的信息产业，这些产业跟文化产业能够实现很好的融合。属于此类型的有位于中关村高科技园区内的中关村创意产业先导基地；位于大连市高新技术产业园区的国家动画产业基地；位于上海浦东张江高科技园区内的张江文化科技创意产业基地等。与此形成鲜明对比的，是以传统特色文化社区、艺术家村为区位基础的城市文化资源活化。属于这种类型的主要有两种情况。一种是依托一些传统的文化区域，这些区域文化底蕴深厚，文化氛围浓郁，利于开发特色文化产业园区。如四川德阳三星堆文化产业园、北京高碑店传统民俗文化创意产业园等。第二种是依托位于城乡接合部的一些艺术家村，有些是属于创作型的园区，如北京的几个画家村；有的则已形成产业化运作，如位于深圳特区郊边龙岗区布吉镇的大芬油画村等。

根据这些文化创意园区的价值实现或功能划分来看，文创园区具有产业型、混合型以及艺术型等特点。(1)产业型。文创园区内产业集群发展相对比较成熟，有很强的原创能力，产业链相对完整，形成了规模效应。如深圳大芬村，以绘画艺术为主，已经形成一定的产业链条及规模效应，但原创能力不强，以艺术加工或文化资源整合为发展逻辑。（2）混合型。文创园区依托科技园区的产业结构，并结合园区内的优势产业同步发展文化产业，但园区内并未形成完善的文化产业链条。如张江文化科技创意产业基地、香港数码港等。（3）艺术型文创园区。这种类型的园区也被称为创作型园区，原创能力强，但艺术产业化程度不高。目前国内最有名的艺术园区有北京大山子艺术园区、青岛达尼画家村等。这类文化创意园区主要满足当地居民及外来游客的文化旅游消费需求并融入鲜明的地域特色，如北京高碑店传统民俗文化创意产业园、潘家园古玩艺术品交易区等。

文化创意园区作为经济发展转型、产业规模化和细分领域发展的重要途径和载体，在促进产业集聚产生规模效益的同时，对国家和城市的文化事业和文化产业都起到重要作用。文化创意园区是一系列与文化关联的、产业规模集聚的特定地理区域，是具有鲜明文化形象并对外界产生一定吸引力的集生产、交易、休闲、居住为一体的多功能园区，是在地理布局结构上形成的集创新、孵化、投资管理、生产性服务和产权交易等活动为一体的载体。现阶段，我国的文创园区的定位根据其发展路径可以分为：影视文化创意产业园、电信软件创意产业园、工艺时尚创意产业园、设计服务创意产业园、展演出版创意产业园、咨询策划创意产业园、休闲娱乐创意产业园、科研教育创意产业园八类（图 5-2-1）。

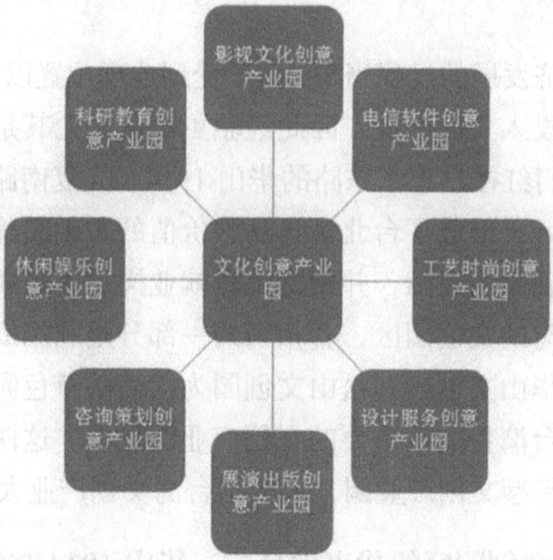

图 5-2-1　文化创意产业园发展路径

文创园区的发展模式按照功能及资源整合的不同，又分为政策导向型、艺术家主导型、开发商主导型等。其中，政策导向型是指由政府规划建设或推动并统一管理的文创园区，是我国发展文化创意产业集群的重要方式之一。政府通过政策调控、城市规划、统一协调等一系列的措施，推动产业集群化。政策导向型文化创业产业园区一般拥有雄厚的经济基础、良好的政策支持、独特的区位优势和特定的园区发展方向。政府利用中心城区闲置的旧厂房或旧仓库加以改造，或新建一块区域进行规划，集中发展某类型文化创意产业，大量投资建设基础设施，为企业搭建良好的公共服务平台，实行招商引资特殊优惠政策，吸引行业内重点龙头企业入驻，最终形成集聚区。而艺术家主导型文创园区更依赖个人品牌或创作特点，艺术家主导型园区是指艺术家自动聚集和自动孵化后形成产业集群后，由政府或开发商统一管理，把握好艺术生产社会标准效益，引导园区有效发展。艺术家导向型园区得益于艺术家的专业知识储备，园区的文化艺术价值在开发中被深度挖掘并凸显出来。但艺术家的力量十分有限，由于艺术家没有房地产开发和市场运作的相关知识，因此需要政府的支持。开发商导向型园区指的是开发商投资建设的文化创意园区，一般由资本雄厚的民营企业或私营企业对产业园区经营统一规划和管理，这样的文创园区更多成为地产品牌的商业配套，强调市场价值的实现以及投入产出比。但不管文创园区属于何种发展路径，不可否认的是，文创园区都需要通过在品牌化发展的道路上实现自身的文化价值与商业价值的双向共赢。

第三节　台湾地区文创园区案例解析

台湾地区在经济发展的过程当中，由于受到地理位置以及本地资源的限制，将发展重点较早地投入文创产业，因此经验更丰富。尤其是台北，在台北城市中心有西门町的西门红楼、忠孝东路的华山 1914、光复南路和忠孝东路之间的松山这三个文创园区，形成了台北最具品牌价值的文创品牌，不仅为台湾文化创意产业的产值突破做出贡献，并创造大量就业岗位，还成为城市观光不可或缺的亮丽风景。台湾的文创园区，有相当的一部分是利用旧的城市建设遗址改造而成的，其中以华山文创园和松山文创园为代表的特色园区，集合了台湾多种文创业态，成为台湾目前最重要的文创产业孵化器。这两个由衰败的厂房腾笼换鸟式改造成的新型文创产业园，承载了台湾文创产业太多的光荣与梦想。

一、台湾地区文创园区的代表作品——华山 1914 文创园

华山 1914 文化创意产业园被称为台湾地区文创产业的“旗舰”，它是台湾第一个文创园区，在台北所有的文创园区中，它虽不是面积最大的，但却是发展最早、营运最为成熟，同时也是人气最旺的一处。它的前身为创建于 1914 年的日本芳酿社，曾是台湾最大的制酒工厂之一，开启台北酒工厂的黄金时代。1987 年 4 月 1 日，随着搬迁，华山作为酒厂的历史宣告结束，并至此闲置。1999 年，台北酒厂正式更名为“华山艺文特区”，成为多元发展的艺文展演空间。2002 年，调整为“文化创意园区”。经过全面闭园整修，2005 年年底，结合旧厂区及公园区的“华山 1914 文化创意园区”重新开放，供艺文界及附近社区居民使用至今。2006 年，华山正式定位为推动台湾文化创意产业发展的旗舰基地。2007 年 12 月，台湾文创发展股份有限公司取得了园区 25 年的经营管理权利。华山园区不仅是台北的入口，也是喧闹城市中的净土，目前，园区最主要的消费客群是当地民众。自 2007 年年底新开园以来，台湾文创发展股份有限公司头 5 年经历了连续亏损的惨淡经营境况，而随着市场认可度的逐步提升，从 2012 年开始，华山文创产业园区开始实现盈利。其发展运营带来的启示让人深思（图 5-3-1）。

图 5-3-1　华山 1914 文化创意产业园

（1）让永存的空间讲述出历史过往的故事。华山园区内完整保存着日治时期制酒产业建筑群，兼容不同时期、不同类型、不同构造风格，俨然一座产业建筑艺术博物馆。古旧建筑中不仅浓缩了台湾近代制酒产业的辉煌历史，更是珍藏着台湾百姓的生活往事。有大量观光客前往打卡拍照，为的是体验难得一见的旧时模样，让永存空间成为一扇穿越过去与未来的“任意门”，在唤起台湾本地民众的集体回忆的同时，为前来造访的旅客提供差异化且不可复制的空间体验。（2）让艺术为共享资源贴上品牌定制的标签。华山园区的艺文场所，包含户外艺文空间和室内展演空间。户外街巷的展演空间极具亲和力，拉近了艺术与民众之间的距离，容易形成交流互动。全年密集的展览演出、文艺活动形成群聚化效应，带动和吸引了大量学生、游客、行业团体等到来。空间成为容纳艺术活动发生的平台，并为公共共享资源贴上文创品牌的标签。（3）特色店铺诠释休闲生活方式。特色店铺坐落在园区大小巷弄里，艺术氛围浓厚。在提供餐饮购物、休闲娱乐的同时，通过举办展览、讲座、节庆等活动，提供艺术文化体验，打造满足人们吃喝玩乐和慢生活的创意聚落。（4）多样的文创市集提升全天候吸引力。华山园区的市集种类多样，处处创意，步步风景。周末假日园区门口大草原旁年轻人的创意市集，园区内“台湾味”十足的小吃自助餐厅和创意店铺，明星工作室及其衍生的精品店，使华山园区全天候被充分利用，白天与夜晚一样充满活力（图 5-3-2）。

图 5-3-2 华山文创园区

华山文创园区的品牌效应还体现在其文创产业链打造出的创意产品符合市场需求，靠时间积累成为具有情怀的热销商品，是园区的核心支撑。创意产品有主题、有品牌，包括文创设计商品、节庆礼品、观光纪念品等，它们大多立足核心文化资源，寻求多元载体，并延伸出无限生长点。创意促成产业落地发展，保证园区持续发展。华山园区创意打造产业链条，将园区背后创意产业链的构建作为创意园区发展的核心，以保证和推动园区持续发展。华山文创园区涵盖文化创意产业从创作、制造、加值、流通到消费端等所有方面，是从参与制作、创造到分享、传播、推广的过程。创意经营实现效益与艺术共存。华山园区的经营理念不以单纯招商引资为目标，而是通过搭建创意平台汇聚人流，吸引有效的商家进驻。创意采取“商家入驻与空间租赁”相结合的方式，在保证固定商家日常经营的同时，以艺术活动有效提升园区空间使用率，增加园区人气活力。

二、强强联手，打造品牌共赢——松山文创园

松山文创园位于台北忠孝东路，邻近建筑大师李祖原设计的台北 101 大楼，松山文创园前身是始建于 1937 年的松山烟厂，占地 66000 平方米，保留了完整的厂房、澡堂、育婴堂、餐厅、庭院广场和水塘。2011 年台湾创意中心在这里主办了世界设计大展获得成功后，松山烟厂更名为松山文创园。松山文创园被定位为台北原创基地，分为“创意实验室”“创意合作社”“创意学院”“创意橱窗”四块。文创园除了保留原有建筑外，更邀请世界知名建筑师伊东丰雄

操刀设计了这里的标志建筑——台北文创大楼。文创大楼引入了台湾文创名片诚品生活馆，除此之外，里面还有电影院、艺术展演场所、创意小店，以及各种餐饮店。这是文创园产业落地的第一个着力点。松山文创园不仅有着地域文化影响力极强的历史背景，还在不断讲述台湾文化发展的创新故事。此外，松山文创园区还在不断创新经营模式，拓展跨界业务，引进更多具有极强竞争力的文创资源（图 5-3-3）。

图 5-3-3 松山文创园一

在松山文创园区里，文化体验无处不在。文创园区有很多手作体验空间与文创产品售卖店，可供民众亲身参与产制，经常吸引大批人潮，这也是实体商店在网络时代有别于在线购物的重要价值。废弃的旧火车、传统站台、站台上的创意小店等，总能带来特别的惊喜。建筑风格的统一让文创园区呈现别具一格的审美价值，位于烟厂仓库东北角处的台北文创大楼，在设计上用了递增式的曲线，楼体外面点缀有绿色植物，蜿蜒而上，不会对旧烟厂形成太大视觉冲击。在夜晚，灯红通明的楼体像一个飘动的旗帜，成为台北文旅资源的重要标志。不仅如此，诚品生活的文创商业模式打造让品牌效应发挥到极致。诚品书店之于台湾，已经是一种生活方式的代表，旗下拥有书店、画廊、诚品生活、餐旅、行旅等自营品牌，把人文、创意、艺术、生活融入商业。文创园区产业发展方向依托园区原创品牌影响力，辐射周边商业中心。园区在选择入驻的艺术家和文创品牌时，经过严格的审批，让商业合作单位和设计师能够充分结合，形成更大的推广方向，并且要求文创产业运营者及时创新，逐一落实新的观念、新的展演模式，挑战新的实验方法（图 5-3-4）。

图 5-3-4　松山文创园二

原创是园区的核心竞争力，文化创意园区的运营重点不应仅限于如何引进产业，更应该关注的是如何激发创意及创新能量，使文创园区成为具有鲜明文化形象，并以此为凝聚力，在引进来的同时更要注重走出去，融入周边商业发展，实现工作、居住、休闲的多功能融合发展园区。除了提升原创竞争力外更要强调模式创新，着眼产业、文化、旅游和社区多功能的叠加，注重对地域文化的挖掘与传承，将文创产业塑造成一个城市的灵魂。

三、屹立在码头的文创园区——高雄驳二艺术特区

20 世纪六七十年代，港口码头是高雄人谋生的重要场所，台湾高雄驳二艺术特区的“驳二”是指第二号接驳码头，这里原先是港口仓库。驳二的香蕉码头就曾是全台湾地区的香蕉集散地，香蕉由此外销日本。据《高雄港史》记载，当年自各地运来的香蕉均露天堆积于出口码头，容易腐坏而影响外销，故新建香蕉出口外用仓库。“驳二”正是建于那个年代，1973 年，位于高雄港的第二号接驳码头落成，用作港口仓库，这就是“驳二”。后来香蕉输出渐趋没落，远洋渔业繁盛，但香蕉码头是内港，没有办法停靠大吨位的货轮，因而随之衰落。“驳二”这样存储货物的仓库没有了用武之地，闲置废弃。2002 年，高雄市政府对仓库进行了整建，打造驳二艺术特区，驳二目前由高雄市文化局经营管理，是高雄文化观光路径的延伸。由码头旧仓库区改造而来的艺术特区，本身就像一件重获新生的艺术品。这里的建筑都很陈旧，依然保留着曾经大仓库的样子，建筑外立面的水泥已大面积脱落，露出了红色的砖块，但看上去并不破败，反倒给人一种很古朴的感觉。园区内，许多人穿梭在文创店中，极力寻找那个吸引自己眼球的物件，然而意想不到的是，在这里，没有一件是能够舍弃了的。

在一家特色的台湾铁道馆，各式火车模型应有尽有，让人大开眼界。正当大家沉浸在火车世界里时，火车进站时的预警声骤然响起。寻声望去，原来在园区里面，竟有一条“迷你”火车轨道，一列“迷你”快速列车正载着几名旅客驶入站台（图 5-3-5）。

图 5-3-5 “迷你”快速列车

随着都市港区空间解放政策与文化观光路径的延伸，驳二艺术特区成为发展实验创作与设计艺术的动脉区块。其借助艺术创作与创作实验传达艺术介入的再生精神，更符合社会的潮流。无论过去或现在，驳二艺术特区都是高雄人不可缺少的仓库群。过去储放鱼粉与砂糖，现在汇集设计与创意能量，丰富每一个自由想象的灵魂。过去港边载送货物的西临港线铁道，现在成为高雄最热门的自行车道，贯穿驳二艺术特区，而驳二的仓库群跳脱使用僵制，以艺文与世界接轨，开启新世代的对话。改建的驳二艺术特区，极具后现代风格，里面有艺术家工作室、表演艺术空间与餐饮设施，并保留了原来仓库的斑驳铁门与裸露水泥墙。进驻驳二特区的除了本土艺术工作室，还有很多国际知名的电影制作公司，驳二艺术特区已成为台南实验创作场所与工艺创意发展中心。走在驳二艺术园区里面，处处可见火车轨道被废物利用，老城区就是以这样的方式被保存了下来。在艺术家及地方文化工作者推动之下，驳二转变成台湾地区最具成功的艺术文化特区，再发展成今天的艺术展示平台。这里不设围墙，没有大门，是一个从物理空间到精神场域完全自由打开的文创体验场域。文创园区的标志艺术作品很多,其中最为引人注意的是两只可爱的大公仔“驳二最大咖”。开放的园区内还有公车停靠站，哈玛星文化公车和水陆观光车爱河线都在此设站。在园区内散布着大量外形可爱、设计前卫的高大公仔，绝对是相机快门按不停的拍照胜景。创作工坊里，来自世界各地，不同的艺术团队，致力于让艺术融合在我们的生活中，这里是独特的艺术中心，从原本的破旧仓库，转变成台湾地区最具成功的艺文特区，结合艺术、音乐及美食，让各地游客络绎不绝地来此朝圣。这是一个结合艺术及一些设计者发挥才艺的地方，成为台湾艺术的表征场所。驳二艺术特区的成功，不仅吸引更多观光客、创作家驻足，更吸引国际上知名的电影特效公司及动画公司不约而同地进驻，使驳二艺术特区成为亚洲地区的好莱坞，并使驳二艺术特区成为亚洲各国电影后制的重镇。目前进驻驳二特区的海外公司有好莱坞节奏特效工作室、日本小学馆、日本索尼集团旗下 SCET 育成中心、新西兰 Huhu Studios。

驳二艺术特区作为台湾地区最有特点的文创园区之一，以前卫、实验、创新的概念，搭起了高雄年轻的国际艺术平台，也是台湾非常知名的实验创作场所与工艺创意发展中心。然而，高雄不仅希望驳二成为创新与前卫精神的展演活动中心，以及社区性的艺文活动中心，还极力推动发展这个区域的艺术观光。驳二特区旁建造了很长一段自行车道，两旁竖立着许多可爱的巨型公仔，骑乘其中还可以远望高雄 85 大楼。因此，假日时光，很多家庭集体出动来此骑行，沿线还提供免费的自行车，实现艺术资源的社会共享。这里是一个非常有特色的地方，不仅仅是风景，包括铁道文化、雕塑文化、墙壁文化，每一个角落都透露出艺术创意的气息（图 5-3-6）。

图 5-3-6　驳二艺术特区

第六章 文创产品

第一节 文创产品是艺术创意精神的物质载体

文创是当今社会一大热点话题，文创产品，顾名思义是指依靠创意人的智慧、技能和天赋，借助于现代科技手段对文化资源、文化用品进行创造与提升，通过知识产权的开发和运用，而产出的高附加值产品。文创产品是“文化 + 创意”的产品构成，以商品性为核心，以文化属性为附加值，其核心为“商品”，本质需具有交易的属性。所以简单说来，文创产品是源于文化主题，经由创意转化，具备市场价值的产品。

我们所常见的文创产品种类很多，特别是近些年非常流行的博物馆文创，以博物馆的馆藏为设计基础，被赋予了更多的文化内涵，从而通过符号提取设计、工业化复制而诞生出的一类商品。与“纪念品”相比，文创产品的特点更多地体现在“商品性”上，需要通过更为明确与完整的商业模式完成价值实现。也正是基于市场化的考虑，越来越多的文创产品设计定位为大众“日用品”而不再仅仅成为具有审美装饰意义的“工艺摆件”。从市场需求的角度看，每件商品都有基本效用（解决需求）和附加值（好看、品牌、特色等），文创产品只是更为强调附加值的比重，但它需要首先满足的，还应该是消费者的需求。一款优秀的文创产品的诞生从来不是单一方面的，商品本身的基本属性（基本效用、品质、品牌、形象等），加上比其他商品更丰富的文化性、艺术感，再加上“讲故事”（好的营销方式），才能算是一款优秀的文创产品，图 6-1-1 为商品的概念。好的营销方式是文创产品得以彰显品牌价值的前提，但值得注意的是，创意营销是文创产品价值实现的重要环节，但其更重要的是商品本质属性的表达，在其研发初期，可以从“艺术收藏品”“生活实用品”“旅游纪念品”这几个维度进行市场需求的定位（图 6-1-2）。文创产品的设计不仅仅关乎产品本身，它是创意精神的物质载体，如何让创意精神与商品属性和谐统一，从而在完善的商业模式中得到可持续的市场发展机会，这是现在文创品牌发展的重要问题。

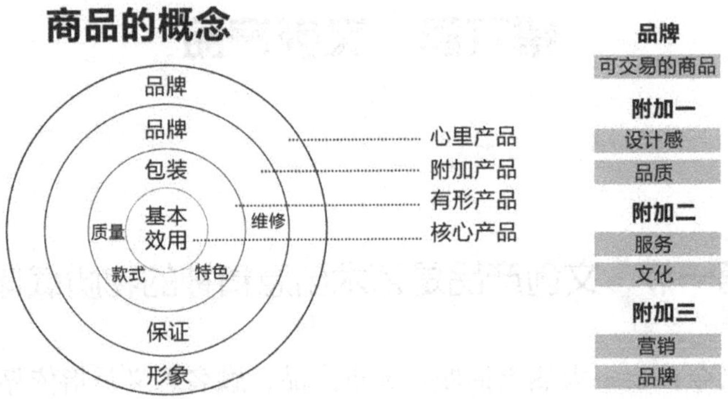

图 6-1-1　商品的概念

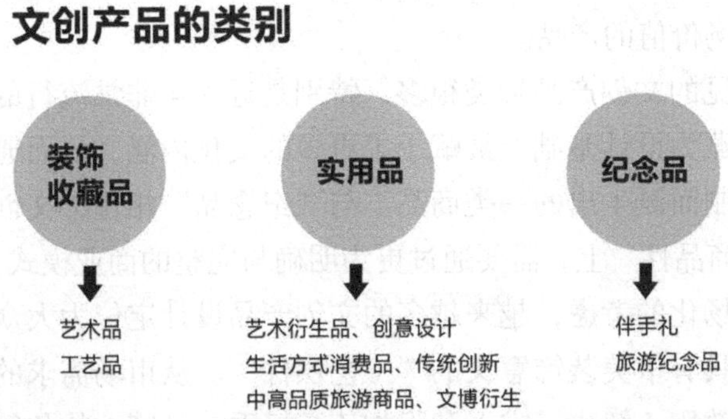

图 6-1-2　文创产品的类别

然后对文创产品的属性进行分析，它需要受到特定群体的广泛认知，并形成群体思想与行为系统的精神与物质内容。“文化创意”是文化内容的创造意识或创新意识的简称，是以创新的方式（主要以美术、文学、音乐等艺术方式）对原有内容进行再解读与创造的逻辑及过程。那么“文化创意产品”就应该是以创新方式解读原有文化内容的结果，是基于具备广泛的受众和系统化的文化主题通过创新的方式进行再解读与创造（即创意转化）的行为过程与相关产物。

产品的狭义概念指一种具有特定的物质形状和用途的被生产出的物体。产品的广义概念则指一种能满足人类某种需求和利益的物质实体或非物质形态的服务。文创产品是源于文化主题经由创意转化，具备市场价值的产品。

第二节 文创产品的营销与设计

文创产品的推广需要通过情感的营销，文创产业在当今已经逐渐成为新兴感官经济，成为推动景点、城市文化发展的助推器。在旅游市场中，有这样一种认知，文创产品以旅游纪念品方式进入市场，由于本土文化往往借助旅游业进行传播，所以当下源于“本土文化”的文创产品具备旅游纪念品属性，可理解为旅游纪念品的一种方式，也是近几年旅游纪念品行业的生力军。旅游纪念品，还包含着传统的各类具有本土化特色的产品，如手工艺品、土特产礼品等，这些商品虽然具备交易的条件，但缺乏整体的包装营销与策划，缺乏品牌意识或并未充分挖掘品牌价值，这也为文创产品在旅游市场上重新定位角色提供了机会。

人类的消费行为分为需求性的理性消费和冲动性的感性消费，而对于文创产品来说“情感营销”是十分重要的方式。尤其是文创产品的诞生，要经过与消费者内心世界情感的充分沟通及互动，才能产生价值。文创产业的本质是用创意的方式将文化及科技更好地融入人们的生活中，来改变大家的生活品质及生活质量，让更多的人可以感受到艺术的生活及生活的艺术。然而许多标榜文化创意的商品，不是缺乏创意，就是缺乏成熟的商业模式。许多商品仅是将文化图腾直接置入现有商品（如马克杯、文具、包包等），甚至还有的是手工概念作品。文创产品的设计者与经营者，需要从定位以及需求入手，去更为深入地了解消费者的消费动机。

首先，明确消费行为是一种情感体验。消费者对文化商品的消费行为是一种文化或情境的情愫发酵，在消费地方文创商品时，可以将当地的人文背景带回家里，因此，商品的价值在于它背后的故事。所以文化商品应该具备诱发这些情愫的元素，无论在外观、材质或技法上。如果商品在这方面的特征不明显，则可透过企业的品牌形象或包装的手法来达成，这里的包装是指商品的营销包装，如参与公益活动、特色活动的事件加持。在情感体验的过程中，消费行为是一种心理价值的比较。比较是消费者最喜欢的行为之一，比较的内容包括品牌价值、定位、功能，或是品牌文化的艺术性以及趣味性。尤其是文创产品，如果设计的理念不能塑造品牌价值、设计师没有背景或设计的过程并无衍生故事，是无法触动消费者的购买动机的，文化创意商品是一种心理层面的消费行为，如果商品无法在这方面创造价值，就没有市场的竞争力。其次，新兴品牌与知名品牌有着平等的市场机会。文创市场的热度升高，许多知名品牌甚至科技品牌也纷纷产出文创商品，然而文创市场讲的是人文文化与创意，因此作为周边产品出现的大牌文创衍生品未必会获得市场机会。并且，消费动机来自被影响，口碑营销一直是消费行为最重要的环节，尤其目前网络社群的大浪潮，更带动了群体的购买动机。因此品牌及商品的无形价值，都可以在事前经由消费社群的运作来进行创造。文创商品是一种心理价值的消费对象，一旦加强这种心理价值的影响力及传播性，必定会在消费社群创造更大的回响。当前有一种追求时尚商品的新消费趋势正蔓延开来，其动机不在民生需求，也不在物质的享受，而是议题的认同，甚至社交功能的衍生，文创商品在这方面更擅长发挥这种效应。文创产品不仅能够满足消费者预期的需求，更是走在消费者心理的前端，让消费者在第一次接触及随后的使用中，收获惊喜与感动。这种创造体验价值的商品，让消费者认同商品与品牌的忠诚度，将为商家创造更多的商机。

文创产业发展至今，“创意”与“内涵”的价值被放大，但如何创造正向循环的价值交换体系，打造可持续的经营模式，是文化创意最终能不能通过可复制的文创产品以及服务打造产业化的关键，这个关键步骤必须通过情感营销行为完成。文创商品最大的价值在于在开发过程中突出与强化“人”的元素，前端导入内容创新，推出市场上没有的原创产品，或者在开发过程中导入内涵创新，在形体上赋予文化内涵，可能是创作过程的意义，或者一群人、一个城市或者乡镇的故事，所传达的并非独善其身，而是对群体有感染力的内涵，恰巧符合社会上、社群间的潜在心灵需求，或弥补了集体记忆中的缺憾，或者回答了某个对人性的集体疑问，也或者是过去美好的集体记忆所带来的连锁效应。除此之外，只有定价策略深谙经济环境与消费者的心态，才能具备在商业战争中胜出的市场力。新产品无论是要打进成熟市场或者开创一个新兴市场，首要目标都是在市场上站稳脚步、扩大市占率，优先取得市场占有率，在顾客心中留下印象、养成品牌客群后，才能谈差异化、竞争力价格，连带产品周边效应，才能进一步大幅提高获利率。文创产品的营销推广始终来自口碑，口碑依赖感知。新媒体的融入让科技互动的方式融入文创产品的营销行为，感知更为丰富，形式更加多元，不仅如此，利用有影响力的代言人以及在具有影响力的平台开设发布会等都是文创产品营销的优选方式。

文创产业的核心价值是通过文创产品表达出的“内涵意义”，提升扣紧文创产品的感染力。在一开始进行产品开发时，就要导入将创意“内涵价值”最大化的逻辑，始终如一地传达意义，无论是用故事来诠释，或者着眼于新媒体运用，重点都是传播受众，一端是创作者信念与概念的传递，一端则是消费者感动与共鸣的响应，因此创作者运用的媒体不应局限于被定义的媒体，最大媒体即“人”，运用消费者本身的传播力，自然会帮助文创产品开发各种主流、非主流媒体，大幅加速品牌的推广。

文创产品的研发是有其自身的规律所在的，主要体现在设计思维中技巧的使用上，主要呈现为以下几种方式。

一、拼贴法

拼贴理论是指文本从整体上审视是全新的，但组成文本的每个部分（元素）却是原有的、旧有的、固有的，将这些原有的不同部分（元素）尽量巧妙（有时适得其反）地拼贴起来形成全新的文本，呈现出与原有文本大不相同的气质。同理，拼贴法是指将符号、语言、纹样、图式、图像等抽象性的符号元素黏合到另一个符号上，并与被拼贴符号黏合为一个整体从而实现崭新的形式。如“藻井遮阳伞”，将中国古代建筑特色构件藻井的造型作为伞的造型，同时将藻井构件中纹样、雕刻和彩绘的各种符号如荷、菱、莲、蟠龙、连珠纹、忍冬纹、白珠纹等元素，拼贴到伞上并赋予伞特有的文化象征与隐喻意义（图 6-2-1）。经过创意生成之后，伞不再是只具有实用价值与使用功能的日常工具，而是具有文化意义与审美价值的创意产品。除了“藻井遮阳伞”之外，奉旨旅行挂件、“朕就是这样汉子”折扇等，都属于拼贴法文创产品。

图 6-2-1　藻井遮阳伞

二、嫁接法

嫁接是把一种植物的枝或芽嫁接到另一种植物的茎或根上，使连接在一起的两个部分长成一个完整的植株，但却是两个不同的物种。嫁接法就是选取两个或两个以上符号的一部分嫁接到一起，使得其中的任何一个符号都不具有完整的物象而是两个不同“部分”的嫁接，从而形成一个错落有致、新颖别致的整体。如顶戴花翎官帽防晒伞将清代官帽符号嫁接到伞符号上，通过两个符号的嫁接组合实现伞符号的“形式创建”。除此之外，诸如如意牙刷、坠马髻颈枕（图 6-2-2）、宫廷手机等都属于嫁接法创意文创产品（图 6-2-2）。

图 6-2-2　坠马髻颈枕

三、替代法

如何“打破规则”从而实现对既定符号、概念的破坏乃至颠覆，通过符号替代就可以实现创意界所说的“颠覆性破坏”或者“毁灭性破坏”。替代法就是用一个符号完全替代被创意符号，两个符号的更换替代使得被创意符号完全消失或被覆盖，从而达到浑然天成、妙趣横生的艺术化创意审美效果。故宫博物院文创产品宫廷娃娃根据古装偶像剧《步步惊心》主人公“四阿哥与小格格”人物形象，制作成桌边玩偶、调料瓶、存钱罐等文创产品，即以“四阿哥与小格格”符号来替代动漫卡通人物符号，实现符号造型方式的替代，从而颠覆卡通人物约定俗成的符号意义（图 6-2-3）。

图 6-2-3 阿哥与小格格

文创产品设计研发的思维方式还有“4W 分析法”：文创产品的目的、文创产品的服务人群（目标客户）、产品及服务的设计、如何推广传播组织运营（图 6-2-4）。

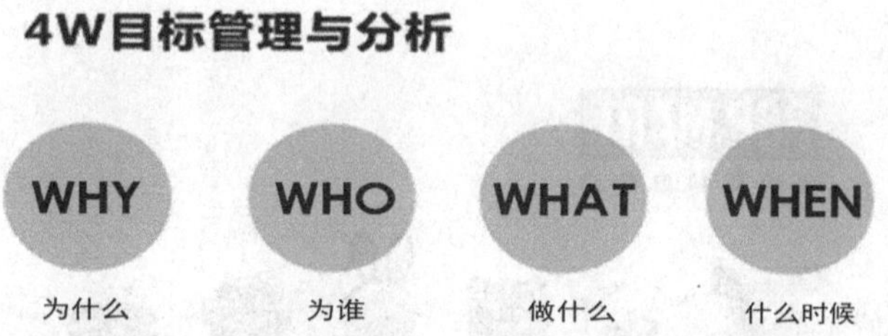

图 6-2-4 4W 分析法

近几年，随着人们生活水平的提高，中等收入群体的崛起，越来越多的城市和地区都逐渐加大对文创业态的占比，争相引入各类文创品牌，一方面可以增加客流量，另一方面可以通过文创品牌增加消费者的体验感，打造实体经济的软实力。从市场呈现分析看，书店、文创产品受消费者关注度最高，每年都有大量的新兴品牌出现，特别是经营模式创新的品牌，特别受消费者的青睐。随着越来越多的商业业态与文化创意元素跨界混搭，文创产品以潮流美物的形式活跃起来。

第三节　潮流玩具品牌带来的启示

2016年在日本、欧美有很多玩家和艺术家把潮流玩具称为艺术品玩具。但泡泡玛特（POP MART）把这个词引入中国的时候，认为“艺术品玩具”是一个相对小众的词汇以及能够引起歧义的概念，于是以年轻人更愿意理解的“潮流玩具”作为替代。其实不管在日本或者欧洲，潮流玩具也都是小众人群喜欢的概念产品，因其通过设计思路与理念打动消费者，所以更加注重以潮流玩具作为平台以及沟通的方式，建构出当代社会年轻人需要表达情感的个性出口。如在欧美，潮流玩具从美漫动漫演变过来，多运用于公仔、大型的手办，比如漫威、环球、迪士尼等，它们有很多粉丝。日本的潮流玩具更多来源于动画，如海贼王、火影，它们的人物都有背后故事，所以受众认可度高，粉丝黏性更强。香港的潮玩更多是艺术家自己的作品，原创度高且带有明确的文创产品属性，他们的灵感来源于自己天马行空的想象。POP MART做了一项融合的工作，引入潮玩到中国市场，每年面向全世界做展览，通过现场的反馈与消费者讨论和交流心得，从元素、材质、工艺上经过借鉴不断更新。逐渐地，潮玩已经变成一个大的趋势和一个大的行业，完成了从细分市场到聚焦市场的商业模式创建（图6-3-1）。

图6-3-1　潮流玩具

潮流玩具成为很多人生活的一部分，作为情感的寄托以及表达，逐渐变成生活的必需品。潮流玩具很特殊的一点是，它们都是由独立的艺术家去创造的，没有固定的模式和模板来要求创作，潮玩是艺术家对生活的理解和感悟的呈现载体，并由社会、由市场、由大众去评判作品的好坏。基于大众的审美和要求，文创作品的个性被不断强化，商业价值在这个过程中得到不断提升。目前 POP MART 的玩家大多是年轻人，而且不断走向低龄化，年轻人会通过晒朋友圈去分享自己的生活和收藏，当他们组建家庭后，这部分消费者自然而然地让自己的孩子成为潮玩的消费者，品牌的可持续发展通过目标受众的拓展得以实现。潮玩行业的发展速度很快，在对消费者画像的同时，不难发现潮玩受众的共性——收入水平提高，教育水平相对提高导致消费观念的改变，他们的审美要求和对生活质量的要求更趋于品质化，这是一个大趋势。另一方面，由于学习工作强度的加大，他们的碎片时间变少了，幸福感变低了。想要的东西很多，但未必都是经济能力承担范围之内的，但潮玩可以成为另一种渠道去释放消费的欲望。随着人们审美水平的提高和有了对艺术的追求之后，越来越多的人愿意为“精神消费”买单。潮流玩具就成为他们喜欢的一个选择。现在的潮玩店铺更多选择开在一、二线城市，包括大型展出与线下互动，所针对的人群也更容易理解与接受这类文创产品。在大城市里，这个人会越来越大，越来越广，因为接受审美教育和艺术教育的人会越来越多。

从营销的方面考虑，POP MART 不断推出新的 IP，给每个 IP 出新的系列，不断给消费者新鲜感（图 6-3-2）。这个过程可以让消费者产生收集的习惯和欲望，这些都形成了所谓的黏性。POP MART 致力于出品形式多样的、有新意的商品，让消费者自主去选择。相信大众的选择就是市场的选择，不希望将市场对潮流玩具的认识仅限于某一类。通过不断提高它的设计质量，让好的设计打动更多人。由于艺术家没有能力将作品量产，这背后涉及整个产业链，此外潮玩的单价门槛太高，限制了很多人入门。所以最开始把艺术品称作潮流玩具引入中国市场的时候将它变小，这样在价格上可以更接地气，更容易被大众接受和熟知。盲盒的设计是潮玩的入门款，通过盲盒，很多人喜欢上潮玩，在每年的潮流玩具展上，经营者想尽办法结合各种形式为大家普及潮玩的各种形态、引导粉丝入门，然后逐渐感受到潮流玩具的魅力、世界级的艺术品状态，这犹如在一条不设限的跑道上极力奔跑。终点是大家都认为的美丽风景，但却并不清晰地具体表达，这种牵引让消费者在感受美的同时一直怀有好奇。

图 6-3-2　POP MART

潮流玩具的设计充分尊重设计师的意见，对于这个市场的进化和迭代的过程，全由创作者自己来完成。比如茉莉（Molly，一个公仔），2016 年 POP MART 跟设计师肯尼合作的时候，已经花了十年时间做 Molly 的设计，所以当以商业的角度去跟他讨论 Molly 的商业价值实现方式的时候，完全以设计师的意见为主导。运营者只是帮他做出他想要的东西，完成后端的所谓 IP 化、商业化、生产工艺、供应链、销售渠道等。从做零售开始，到 2018 年市场呈现出非常火爆的态势，POP MART 开始推出更多系列、更多 IP 和更多不同类型的产品、艺术品。目前为止经过了三个阶段：第一阶段让市场认识 Molly 和潮玩；第二阶段推出限定版和特别款，以丰富产品内容和拓展 IP 边界，潮玩不止有 Molly、盲盒；第三阶段利用文创产品的核心竞争力做展览，将审美价值最大化呈现。不仅如此，POP MART 还与本土艺术院校展开合作，和中央美术学院合作开展课程，是一种消费者群体的培养，也是在为孵化更多的艺术家做准备。从设计师或 IP 角度来说，通过展会的方式去招揽和签约已经出道的设计师。POP MART 与迪士尼合作开展比赛，他们将米奇和米尼的形象授权给 POP MART，对全国的设计师做形态上修改方案的招募。60% 的评选来自现场的观众投票，40% 的评分来自迪士尼和 POP MART 的设计师。通过提供一个平台让他们出道，给他们创造最大的平台去证明自己。从整个产业链的角度来说，供应链也是 POP MART 很核心的竞争力。POP MART 更愿意把自己比喻成经纪公司，就像艺人经纪公司，艺术家签约初期是“练习生”。那些艺人经纪公司会教练习生唱歌跳舞，而 POP MART 是帮他做商品，拿到市场上去验证。当练习生真正出道的时候，艺人经纪公司会帮他录歌、发专辑、上综艺、演电视剧。而 POP MART 会给一个 IP 出产品、做商展，与公司有长期合作的商场，每年会预留场地档期，POP MART 会回应他们不同的 IP 进行商业展。各种授权其实就是对一个设计师商业化的服务。为了集中资源，POP MART 每年主推一个 IP，2016 年到 2018 年主推 Molly，三年时间共卖了 500 万个盲盒。从 2018 年下半年开始主推毕奇，比如 STS 的主视觉是毕奇的形象，一年时间卖了 300 万个盲盒。从三年 500 万个到一年 300 万个，市场能明确看到品牌在逐渐形成一套体系，这套体系包括线下线上多元的销售渠道、丰富的设计作品，以及不断创新的体验场景。

文创产品的生命力是持久的，也是可以不断开发的。比如说凯蒂猫（Hello Kitty）已经 45 年了，Hello Kitty 和 Molly 的本质很像，因为她没有动画、没有电影，也没有故事，它就是一个形象，但是现在仍然有很多人喜欢她和她的朋友，并且也有主题公园和各种展出让 IP 的影响力有续扩散。文创产品可以成为文化的记忆，潮玩也是一样。基于对消费人群的理解，大家并不是执念于对某个 IP 的喜欢，他们只是喜欢拥有的东西和别人的不一样，他们的喜欢是基于设计本身。而且这种喜欢设计的逻辑并不影响他们从一个形象到另一个形象的选择。某个 IP 或许会有生命周期，但是大家对于艺术的追求会一直持续，这是社会发展的趋势也是消费升级的表现。而对 IP 的授权操作使得设计通过跨界资源整合的方式不断获取市场竞争的机会。授权行业的常规操作是，先出 IP，通过制作内容或宣传曝光增加知名度，然后以授权的形式变现和收割，在做授权之后能不能带动销量，就是大家对于所谓一个 IP 商品化的评判标准。

二手市场是伴随潮流玩具第一天就生成的一个市场，并没有刻意培育和引导。十年前香港的模玩市场就存在这个情况，热衷的粉丝买不到限量产品，那只能通过二手市场倒卖。包括第一批开始玩潮流玩具的人，对于二手这种购买形式非常习惯，首先他们会去抢限量，抢不到就去买二手，抢了两个就交换一个，这是他们的习惯。有了这样的基础，POP MART 运作了葩趣，这个软件在潮玩领域更专业。现在 POP MART 正在开发葩趣未来的功能，即用户可以在这个软件上看到商品的发售价格、日期、数量、价格走势等，这个行为使得卖家为买家提供更多的帮助，让他们有更专业的二手市场，这也是品牌的布局。随着消费观念的改变，现在各个行业的二手市场都在逐渐成熟，二手价格公司不会从中干预，反而会从价格走向上去复盘某一套产品。消费者会发现越来越多的限量款是具有保值或升值空间的，这就是潮流玩具艺术价值的体现。

普及潮流文化是潮玩的最终目标与行业发展使命。以一个综合零售的买手店开始，到专做潮流玩具，然后选择在这个领域深耕和精细化运作，是一个减宽加深的过程。POP MART 有一个口号：潮流玩具就是 POP MART。以品牌发展带动行业发展，让潮玩商品向艺术品迈进。通过不断的努力，让潮流商品有更多的市场。当潮流玩具有更广阔的市场时，代表着这个时代的人对于艺术和艺术品或审美有了更高的要求。这不仅仅是商业运作的成功，更是文创品牌对社会发展做出的贡献。

第七章　文创品牌策划

第一节　文创品牌的定位

有市场就会存在竞争，有竞争就会存在具有商业模式运作可能的商品或服务在市场竞争条件下表现出的核心竞争力。品牌的出现很好地帮助商品解决市场竞争力的传播问题，不仅如此，定位关系到今后该品牌在市场的价值以及发展趋势，文创品牌也不例外。在策划一个文创品牌之初，需要做的首要工作不是进行产品或服务的设计，而是针对产品或服务设计的内容做出的市场调研，以及品牌定位。所以对于定位理论的了解，是文创品牌策划的首要工作。

由美国著名营销专家艾·里斯与杰克·特劳特于20世纪70年代提出的定位理论这样表述：定位要从一个产品开始，这里的产品是广义范围的产品，可能是某种商品、某项服务、某个机构甚至是创业者自身或者其所归属的团队。定位理论要求，经营者需要在预期客户的头脑里给产品进行定位，确保产品在预期客户头脑里占据一个真正有价值的地位。定位理论的核心被公认为是“一个中心两个基本点”，即以“打造品牌为中心”，以“竞争导向”和“消费者心智”为基本点。很多经营者都把这种视心智为战场、打造品牌就是要在这场心智战争中取得主导地位的理论称为定位理论。定位理论有其诞生的特定背景，从20世纪60年代末70年代初开始，美国的商业竞争速度加快，传统的注重组织内部运营效率提升的各种管理理论、管理工具已经不能帮助企业取得成功，于是，如何应对竞争成为当今商业竞争的主题。定位理论强调，定位不是对产品的市场定位，而是在预期客户的头脑里给产品定位，或者说，定位应该被理解为经营者对于产品或者服务在消费者心智中的最深刻表达。

文创品牌的定位同样关乎消费者心智层面的认知。这里牵扯到市场调研的方式以及为消费者画像。因为很多文创品牌的经营者也是文创产品或者服务的设计者或生产者，艺术创作与一般的商业生产有本质的区别，为了能够更好地找到市场生存的机会，文创品牌的塑造要求设计者或运营者在启动项目之前非常清晰自身所存在的市场状况，其中为消费者画像是非常重要的环节。定位理论中的“心智模式”论点，为文创品牌的塑造方式提供了很重要的工作依据。

首先我们要对文创产品的消费者进行详细画像，定位理论中总结了消费者的五大心智模式，其中包括：（1）消费者只能接收有限的信息；（2）消费者喜欢简单，拒绝复杂；（3）消费者缺乏安全感，总认为会得到对消费而言更理想的产品或服务；（4）消费者对品牌的印象不会轻易改变；（5）消费者的心智容易失去焦点。也就是说，如何更好地消除消费者的顾虑，从而赢得良好的印象是品牌能够成为消费选择的重要前提，打造成功的文创品牌，需要遵从商业运营的基本规律，以“竞争导向”和“消费者心智”为基本点。

对于品牌的定义，以科特勒为代表的传统营销理论认为，品牌是一种名称、术语、标记、符号或设计，或是它们的组合运用；品牌的目的是借以辨认某经销商或某群销售者的产品或服务，并使之同竞争对手的产品和服务区分开来；品牌的要点是销售者向购买者长期提供的一组特定的特点、利益和服务。而品牌形象理论的代表者大卫·奥格威对品牌做出这样的阐释：对于文创品牌的解读更具指导意义——品牌是一种错综复杂的象征，它是品牌的属性、名称、包装、价格、历史、声誉、广告风格的无形组合。

放在定位理论的语境下，品牌就是某个品类的代表或者说是代表某个品类的名字。建立品牌就是要实现品牌对某个品类的主导，成为某个品类的领军。当消费者一想到要消费某个品类时，会第一时间反应品牌的名称以及某种鲜明属性，譬如当我们谈到主题公园，更多的人都会想到迪斯尼一样。迪斯尼是文化产业或文创产业系列产品及服务的品牌统称，但在主题公园的产品及服务的输出上，因其在全球的影响力首屈一指，这种对于消费者心智的占领让品牌成为市场毋庸置疑的强势赢家，甚至这一行业的最高标准。当然，这里所谈到的强势品牌，是指具有制定标准、左右市场价格、主导某个品类的品牌，文创品牌从塑造到发展壮大，与传统商业的成长路径并不完全相同。

文创品牌该如何建立自己的品牌？众所周知，建立定位的方法主要是公关与广告，广告塑造品牌，公关保护品牌。文创品牌的塑造也需要按照这样的逻辑进行设计与建设。第一，深入地分析市场环境所呈现的状况，从系统整体的角度来思考各种因素的相互影响。尽可能做到知己知彼，了解产品以及服务的真实情况才能有效地扩大优势并隐藏弱点。第二，寻找差异化的概念，并提炼出来，在分析行业环境之后，品牌的塑造者需要寻找一个概念来使自己与竞争者区别开来。这个概念可以是市场中无人能够完成或者做好的，也可以是相对空白领域的，总之是最能代表产品及服务特点又能迅速占领消费者心智的。第三，找到相应论据进行概念支持。如果说品牌定位的差异化表达能够成立，那必须寻找到相应的观点或者条件进行有效支持，艺术创作的原创性本身是差异化的一个重要体现，而设计理念以及制作方式，都是品牌故事形成的重要组成部分，也是文创品牌塑造的最主要的内容之一。第四，通过传播与应用扩大品牌影响力。并不是说有了差异化概念或明确的定位，就可以坐等顾客上门，经营要靠传播才能将概念植入消费者心智，并在应用中建立起自己的定位。传播与应用，在找到了定位和支持力量之后，并不能产生成果，因为这个力量并没有与消费者发生接触，所以要制造与寻找各种机会去与消费者产生碰撞。

文创产品的形成与策划与传统商业品牌不同，它们的萌发更加自由简单，所以往往显得市场目的性不足，商业模式的设计不够完善。而很多设计类的作品由于完成于手工创作而无法工业化复制，或者是本身就在按照定制的路线发展，所以也鲜有资本的支持，以在短时间内获得巨大回报。但尽管如此，文创品牌的策划依然不能忽略市场的元素，与消费者发生接触并尽可能地增加被关注的机会。现在一些城市的文创园区会通过定期文创市集以及文创产品集合店或者买手店的形式汇聚出现在城市中的文创品牌，不仅如此，很多一二线城市的文创市集也推出文创园区或社区文创品牌，在各种商业以及景区进行平台搭建，让更多的消费者有机会与设计师发生接触，并在正常的市场条件下产生交流。

第二节　文创品牌的设计

文创品牌的魅力在于其成为社会文化发展中最为活跃的元素，它出现的形式可以是以一个设计师建立的品牌，也可以是几个人构成的独立工作室，或者是由一个企业作为支撑的系统品牌的塑造。但无论是哪一种形式，在现阶段的历史背景下，文创品牌的设计必须考虑到以下几个法则，这里的设计并不仅仅指产品或者服务的设计，而是品牌整体的策划与推广，是与市场发生关系的系统化形象的确立。

文创品牌的设计需要考虑以下几个方面，首先，需要以全球化视野去设计文创品牌，这是非常重要的文化站位。以美国作为分析对象，全球最有价值的品牌几乎有一半都是来自美国，品牌的效应带来的不仅仅是产品或者服务的备受推崇以及畅销，最主要的是品牌价值的溢价部分带来的持续增加的经济回报与文化影响力，这些都是经营者最期待发生的结局。全球的出口大国里，中国、美国、德国、日本排名位居前列，但中国多数的出口都是商品出口，而非品牌输出，这也是为什么我们会提出由“中国制造”向“中国创造”的品牌输出策略。虽然我们国家的品牌在世界市场上的表现越来越突出，但必须承认，由“中国制造”到“中国创造”还是有很长的一条路要走的。

文创品牌的设计从定位之初就要去思考这个问题，很多时候，文创产品或者服务不仅仅代表设计师个人的思想，而是一个行业在某个阶段集中表现的特质。再举个例子，比如联想作为科技领域的知名品牌，联想生产电脑，品牌名也叫联想，笔记本也叫联想，智能手机也叫联想，平板电脑也叫联想，这对于消费者的认知与选择会造成困扰，在传播层面的设计也不够具体。对比一下苹果公司，苹果 iPod 是音乐播放，iPhone 是手机，iPad 是平板……每一种产品都对应不同的消费人群去满足聚焦的消费需求。文创产品的设计也应该如此，用聚焦的思维在品牌设计之初做好规划，并一定要在全球化视野中去寻找机会与建立符合自身特点的发展路径。鉴于政策背景的支持与鼓励，文创产业的发展获得政府、资本以及会场前所未有的支持，由于我们与全球其他发达地区的差异，在面对来自各方的压力，尤其是自身发展动力尚待提升的问题的同时，我国的文创产业工作者也迎来了巨大的机会与挑战。日渐繁荣的国内文化市场以及自由开放的国际文化交流环境，为更多文创品牌的设计带来创新发展的思路。文创品牌的设计师以及经营者需要有意识地去学习与尝试，站在行业里而不是仅仅立足作品本身，努力去完善商业模式而不仅仅输出设计理念，这一点至关重要。

对于品类的把握，是文创品牌设计过程中另一个重要的问题。市场中永远只有两个品牌，一个是最强势的品牌或品牌群，另外一个是作为强势品牌对手的品牌。随着经济的进步，社会的发展，文创产业成为热门话题，但很多文创品牌的经营者会忽略一个问题，就是所设计的产品与服务到底能够打动哪一部分的消费者，或者说占领消费市场的何种位置。文创产品的市场一定是聚焦与分众的，有一种说法这样描述“一千个读者有一千个哈姆雷特”，没有任何一种产品是适合所有消费者的，讲求设计个性的文创产品亦是如此，所以，先聚焦品类找到消费者需求满足的方式再细分产品或服务的属性及特点，这非常重要。举个例子，文创产品基于不同的设计理念与产品属性，其呈现传播的时候，会因为各种主观设计而拥有不同方式命名的品牌名称，但在命名这些品牌的时候，除了给产品与服务起一个代号之外，设计品类领域关于产品以及服务必要而准确的诠释必须到位，需要充分考虑到市场认知。

以诚品书店为例，品牌诞生之初是以聚焦独立书店为主要服务输出内容的，随着品牌的发展，从独立书店到商业综合体，本质的运营依然围绕文化品牌的打造，在这一品类里独占鳌头。多种经营的展开为品牌内涵的丰富做了更充分的阐释，书店与综合百货的结合，诞生了新的品牌——诚品生活。它的出现不仅没有让其原本品牌的定位模糊，反而更进一步地表现出品牌随着时代发展而发展的运营能力以及品牌自身的特点与属性。在一个领域的深耕并不意味着出品的局限，相反，品类的把握能够让消费者更加清晰产品以及服务的属性从而产生更加密切的关注与长远的认同。据了解，“诚品书店”中的“诚”字，是一份诚恳的心意，一份执着的关怀；“品”字，则是一份专业的素养，一份严谨的选择；取名“诚品”，代表着诚品书店对美好社会的追求与实践。创始之初，诚品以书店为品牌核心，营运范畴已逐步扩展至画廊、出版、展演活动、艺文空间和课程、文创商品，以及捷运站、医院、学校等领域，并延伸至商场开发经营和专业物流中心建置等专业。这个品牌在不断拓展经营内容的同时，始终没有放弃连锁而不复制的经营模式，尊重各地文化特质，透过“人、空间、活动”的互动积累，发展出不同的场所精神和经营内容，塑造了城市中不同角落、不同内涵的文化氛围。“诚品”品牌以强调“人文、艺术、创意、生活”为经营理念，这样的定位让品牌很快成为独具一格的文化创意产业领导品牌，并对其所在社会提升人文气质做出了积极而巨大的贡献（图 7-2-1）。

图 7-2-1　诚品书店

“诚品”品牌的系列产品以及服务植根于推广阅读、激发创意、深耕文化、净化心灵的理念。在多年的发展过程中，在硬件的空间规划、软件的中外文书种、艺术文化活动的推广，以及复合式的经营手法上，努力创造出既具本地特色，又具国际视野的文化景观。书店与社会的脉动紧密结合，持续邀请文化创意界与学术界人士参与讲堂、展览、座谈、出版等各项文化活动，更积极地与国际策展团队、艺术家、出版界交流合作，开创出独具人文创意且具执行绩效的经营策略，成为亚洲地区最具指标意义的文化企业之一。

开阔的视野决定文创品牌的市场站位，品类的考量决定文创品牌发展的方向，除此之外，对于文创品牌最重要的是品牌能够可持续运营的内容设计及设计管理。也就是说，文创品牌该如何生产以及生产什么，这是品牌能够存在的重要依据。很多设计师本身也是自身品牌的运营者，因为缺乏市场经验或专业管理知识，把更多注意力放在如何进行表达灵感以及理念的内容建设上，而非针对市场需求的产品及服务生产，这往往是很多品牌难以在市场维度得以继续的根本原因。

正是由于文创产品的核心价值来自创意本身，许多创意可以转换为可量化的产品，但许多创意还是需要通过相对传统的手工体验或其他方式才能够表达出设计者的本意的。这就决定了文创产业的发展并非是可全部完成工业化复制与网络化传播的。文创品牌运营的灵活性让其本身在策划之初就有很多可以选择的方式，但正是因为这种多元的选择，又往往使经营者陷入迷茫，是以创作人的身份出现，还是做一个不断在市场价值上实现利益最大化的经营者。以文创市集上的独立设计师为例，他们有思路也有产品，技术层面也可以可持续地支撑其服务或产品的市场呈现，但规模化是难以做到的，除非有投资进入或者改良生产方式。但从另一方面而言，正是因为其品类概念里的生产多元与产品的相对稀缺，文创市集上的独立设计产品以及独立设计师才拥有了属于他们的市场生存空间。

当然，这可以是以设计或手工为主的文创品牌类别发展的特定历史时期的特点，有些设计及产品在进入规模化生产以及标准化复制的阶段之后，还需要对品牌定位进行新的设计，以及进行运营方式的新思考。我国的文创品牌发展与文旅资源的开发利用关系密切，其实这已经不是陌生的话题，在许多国家的文旅资源开发过程中，文创品牌的策划与运营已然成为文化软实力最灵活生动的体现。在文化产业的运作当中，文创品牌的重要性在于通过品牌化的确认，提升产品以及服务的品质，强调文化创意内容为文创产业发展的核心竞争力。

相信在不久的将来，文化创意的设计逻辑及管理方式将成为文化产业服务以及公共事业运营的发展前提，而文创品牌的策划也将更多围绕商业模式的完善以及管理服务的提升进行更广泛维度的思考。

第三节　文创品牌的策划

品牌策划是指使企业形象和产品品牌在消费者脑海中形成一种个性化的区隔，并使消费者与企业品牌和产品品牌之间形成统一的价值观，从而建立起自己的品牌体系。文创品牌的策划延续品牌策划的逻辑，是给拥有者带来溢价、产生增值的一种无形的资产，它的载体是用以和其他竞争者的产品或劳务相区分的名称、术语、象征、记号或者设计及其组合。文创产品所创造的增值，来自消费者心智中形成的关于其载体的印象，文创品牌也需要塑造品牌形象。一般来说，塑造品牌形象可以通过“整合品牌营销”的模式，并导入“品牌形象识别系统”“品牌推广运营系统”和“品牌管理控制系统”。品质形象是品牌形象的基础，文创品牌的品质形象与艺术审美价值的实现方式密切相关。文创品牌的品质感更依赖于消费者的审美体验，而不是零售价格的高低。文创品牌满足的不是生存的刚性需求，但却对生存体验的品质追求给予满足。

文创品牌的策划方案是文创品牌成立的依据与前提，一般包括这样几个部分：市场调研计划；行业市场环境分析；目标市场分析；竞品分析；消费者分析；品牌分析；战略设计；品牌规划；品牌建设；品牌维护；效果监测（表 7-3-1）。

表 7-3-1　文创品牌的策划方案表

市场调研计划	调研目的	
	调研时间	
	调研区域	
	调研方法	分层抽样法
		定量分析＋定性分析
	调研形式	街头访问
		售点访问
		售点巡查
	调研对象	区域市场
		消费者
		竞争者
	调研内容	
	调研预算	
行业市场环境分析	全国市场现状分析	
	全国市场发展趋势分析	
	目标市场总体分析	
	影响市场波动的因素	季节因素
		地域因素
		政策因素

续 表

目标市场分析	目标市场大小及潜力评估	
	目标市场现状	
	目标市场主要销售渠道	
	目标市场构成及细分	
	竞品铺货率情况	
	竞品市场占有率	
	消费者指名购买率最高品牌	
	提及率最高品牌	
	首推率最高品牌	
竞品分析	主要竞争对手	
	潜在竞争对手	
	竞品质量分析	
	竞品价格分析	
	竞品包装分析	
	竞品渠道分析	
	竞品广告分析	广告投入
		媒体选择
		诉求重点
		表现形式
	竞品促销分析	促销手段
		促销力度
消费者分析	消费者特征描述	
	消费者购买习惯分析	
	消费者需求点分析	
	消费者关注点分析	
	消费者消费心理	
	第一次购买动机分析	
	消费者品牌忠诚度分析	
	消费者对本品的印象和态度	
	消费者对广告的态度	
	消费者对促销的态度	
	消费者对购买地点的态度	

续　表

品牌分析	企业经营现状分析	
	品牌发展战略及运作策略分析	
	本品牌知名度及美誉度	
	本品牌市场情况及反映研究	
	本品牌在行业中的地位	
	本品牌与竞争对手的定位策略比较	
	品牌建设问题点和不足之处	
	产品分析	产品类别分析
		产品名称分析
		产品特性分析
		产品卖点分析
		产品价格分析
		产品渠道分析
		产品促销分析
		产品传播分析
	品牌 SWOT 分析	品牌优势
		品牌劣势
		品牌机会
		品牌威胁
		参照体系
		品牌宣传
战略设计	品牌战略目标	
	前期、中期、后期发展方向	
	近期、中期、远期发展模式	
品牌规划	品牌核心价值定位	
	品牌文化定位	
	品牌形象定位	
	品牌消费群体定位	
	品牌主要竞争对手定位	
	品牌发展策略	
	市场目标	
	产品策略	产品卖点提炼
		产品细分策略
		产品发展策略
	定价策略	
	竞争策略	
	市场策略	

续 表

品牌建设	形象建设	品牌文化形象包装方案
		品牌视觉形象包装方案
	渠道建设	渠道设计方案
		渠道拓展方案
		渠道促销方案
		渠道管理方案
	终端建设	终端促销方案
		终端美化方案
		终端管理方案
	品牌传播	目标受众接触媒体情况及媒体习惯
		传播目的
		传播策略
		诉求重点及广告利益点
		传播形式
		传播风格及调性
		传播载体
		媒体执行时间
		媒介排期
		电视广告脚本
		报纸广告文案及设计
		广播广告文案
		其他媒体广告创作
		传播费用配比
	销售整合	销售人员激励方案
		销售人员管理方案
		公关活动方案
		事件营销方案
品牌维护	品牌设计	
	品牌策划	
	品牌战略	
效果监测	监测项目	品牌知名度
		品牌美誉度
		品牌销量
		消费者品牌印象
	监测办法	问卷调查
		访谈调查
		电话调查
		网络调查

其中品牌分析、战略设计、品牌规划、品牌建设、品牌维护、效果监测为文创品牌具体策划内容。文创品牌的设计涉及视觉表达、活动执行以及策划推广的全面内容的组织管理，属于艺术项目运营的范畴。文创品牌的创建不仅仅包含具体产品的生产以及服务的提供，随着市场的需要与社会的发展，还应包括更多维度的文化创意系列项目的落地与推广。下面以“洋货儿济南市井改造计划”作为案例进行分析。

一、“洋货儿济南市井改造计划”：谈艺术管理在城市发展中的责任

艺术管理者在城市发展的过程中发挥何种价值，这个问题关乎着艺术管理专业发展以及培养人才的最终方向。近年来，“生活美学”“创意经济”“文化经济”等术语在城市规划、艺术管理、经济发展领域成为热点。它们涉及各种存在以及跨界于艺术领域的视觉、表演、文学、建筑、设计等，也包括公共文化、市场营销、项目运营等应用领域。艺术管理者需要在时代的发展中不断创新角色的使命，去使文化和经济产生更加具有艺术创意属性的关联并产生社会影响、经济价值。随着人们对城市规划、经济发展以及艺术和文化领域之间相互作用的深刻认识，艺术管理与城市发展之间的关系愈加密切。必须承认，艺术管理在城市发展中肩负着重要的责任，尤其是在十九大报告明确提出当前的主要矛盾，是人民追求美好生活的需要与不平衡不充分发展之间的矛盾之后，“美好生活”的内涵日渐丰富，它成为一个非常明确并且动态发展着的目标价值观，让每一个存在的个体有了达成使命的幸福感。艺术管理专业的人才培养以及社会责任需要通过具有创新意味的方式进行呈现，公共文化服务的内容里需要更多艺术管理内容的介入与方式的辅助。

艺术管理通过提升区域的竞争力、吸引力，实现资源的有效整合以及持续发展，城市经济发展的传统成果包括创造就业机会、增加税收、增加财产价值、增加零售活动，以及打造更持久的经济活力等。打造区域或地域文化品牌，整合艺术和文化内涵的经济发展方式通常以艺术体验服务为中心、以人才的培养输出为导向、以项目为基础进行或独立或分项的呈现。发生在2017年年末的“洋货儿济南市井改造”系列活动，既是艺术管理专业工作室教学的实践落地成果，也是响应十九大精神，以高校师生为主体联动社会资源，打造城市文创品牌，创造美好生活体验的具体方式（图 7-3-1）。

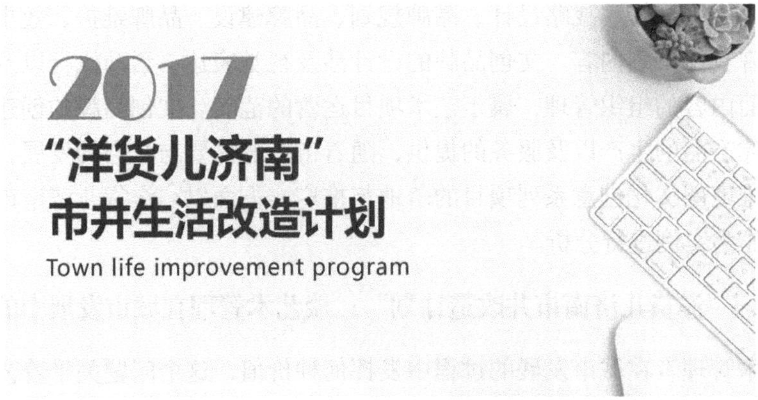

图 7-3-1　洋货儿济南市井改造计划一

二、“美好生活、城市温度与青春力量”组合发力，艺术管理项目实践打造独特城市气质

以高校为代表的文化资源通过艺术管理的手段，结合政府支持、企业品牌形成创意力量的行为，将会带来更多地域竞争优势，主要表现在城市人群生活质量的提高尤其是文化生活消费需求的增加、社区吸引经济活动的能力提升、创新创意蓬勃发展的氛围构建等方面。将“美好生活、城市温度与青春力量”进行组合，并通过艺术管理项目实践落地的方式，以公共文化服务为契机，为商业伙伴关系的建立、相关合作项目的推进，以及文创产品的市场化提供了有利条件。

城市消费升级的本质是审美的升级，“美”与“好”被更多人强调出生活本真的意义。继腾讯倡导的一次设计师关于广告实践活动，公益为社区便民服务档口设计标识、美陈改造之后，厦门、武昌等城市也相继出现了由高校师生发起，不同程度地联合社会资源进行的多个菜市场美陈应用优化改造实践。这些“改造”不仅仅让这些日常生活中的普通呈现面目一新，更重要的是带来了来自艺术设计领域、青春群体对于城市状态的创意解读。在这种“改造”行为的背后，更多反映出的是一种独特城市气质形成后所产生的文化及商业价值。

由山东艺术学院艺术管理学院青年教师陈凌，带领艺术项目管理课程上 43 名学生，走出校园，对济南城市中心文化西路 CCPARK 创意港向北向西两公里左右范围内的八家社区便民生活服务店铺进行优化设计改造，并由此拉开了“洋货儿济南——市井生活改造计划”的序幕。改造从筹备到落地历时两个月，包括对八家商户进行店内美陈、灯光及布局的各种优化。在不影响店主营业的情况下，改造在最短时间内完成，大量的工作被放在前期沟通、设计、采购等准备上。这是一次由高校师生以专业实践课程的形式进行的一场深入济南市井生活的城市调研与设计落地活动，通过艺术改造的方式让济南市民感受到城市文明发展进程中更有审美情趣的一面。而对于济南而言，这种尝试也是带有创新及突破性意义的，尤其是在后创城时代，艺术管理课堂内容的实践教学的社会落地，将持续性地为济南这座城市带来追求“美好生活”的具体表达。每个城市都有它的特点和个性，有与众不同的美的呈现方式，而这种美的最主要构成，是城市生活中人的体验（图 7-3-2、图 7-3-3）。

图 7-3-2　洋货儿济南市井改造计划二

图 7-3-3　洋货儿济南市井改造计划三

最初的“洋货儿济南——市井生活改造计划”分为三个部分：（1）社区生活优化计划；（2）菜市场 IP 打造计划；（3）城市共享交通设施改造计划。从艺术管理专业工作室制教学中的一个城市公共文化项目的发起与实施，到发展成为立体的城市生存体验优化实验，艺术管理专业用实践体现出可以更好地服务社会的能力。“洋货儿”作为济南本土方言，演变成项目名称以及相关文创周边的品牌，引发社会各界更多的关注。作为艺术项目管理课程的实践考察方式，“洋货儿济南市井改造计划”为学生找到了机会和资源，用具体的行动影响了一座城市的文化气质，形成了品牌力量。

三、用公益的方式创造审美价值的商业可能

各种信息的高频交换对不同类型的创造力的发挥都产生了巨大的推动作用。政府规划人员在针对城市发展的各种工作中，越来越重视公共文化与艺术创意的有效结合。创意行为以静态的设施改造或建立，动态的公共文化服务及产品设计生产落地等方式，进入城市居民的日常生活。以地区为改造目标的一系列艺术管理活动，以公益的方式切入，并通过商业资源转换，产生经济价值。城市公共文化提供了艺术创意行为与公众情感之间的交流平台，并为地域社区居民创造了一种更强烈的地方认同感。

“洋货儿济南市井改造计划”选择用公益的方式，改造的对象包括社区便民商店、菜市场、公交汽车……从项目策划、文案撰写、设计改造、记录拍摄到传播，高校师生群体都将作为主体力量发挥作用，当然项目的实施必须依靠政府与企业的政策及资金支持。尤其是公益项目的开展，需要更多社会各界力量的支持与付出。

“一千个读者就有一千个哈姆雷特。”在项目实施初期的社会调研过程中，很多人表示大学生能够走出校园做这件事情的意义非常值得肯定，但对于项目的落地性持怀疑态度。更多人则表现出期待与观望，艺术管理专业学生的特长在于策划与组织，落地与传播。作为发起人与组织者，首要解决的问题是如何联动更多资源进行项目的落地与推进。于是“洋货儿济南市井改造计划”以联合发起人的形式，让更多资源投入这场公益活动中。这个项目的目的在于，让审美的力量发挥价值，用艺术的方式挖掘城市气质的更多可能，用环保的意识优化生活环境，用传播的思维去号召，在济南这座城市，每个人都在努力地好好生活。基于这个能够与城市人群产生普遍共鸣的前提，通过媒体宣传项目意义，首先获得政府认可，尤其是改造对象所属的区域街道政府管理机构。在济南的本土方言中，“洋货儿”的意思是一种让人感觉有趣的夸奖，曾经，好的

东西，高级的东西都是舶来品。今天，国家从“中国制造”转向“中国创造”，城市相应也在积蓄自内而外的突破创新力，这些力量来自在每个城市努力生长、扎根的每一种力量。于是地域性企业品牌纷纷加入，成为提供更多资源与资金帮助的联合发起人。有了渠道与资金，本身就是以品牌的方式进行建设的“洋货儿济南市井改造计划”同步推出一系列具有城市特色的原创周边产品设计，这些设计伴随项目落地进行传播，包括城市文旅伴手礼及联合发起企业定制礼品（图 7-3-4、图 7-3-5）。

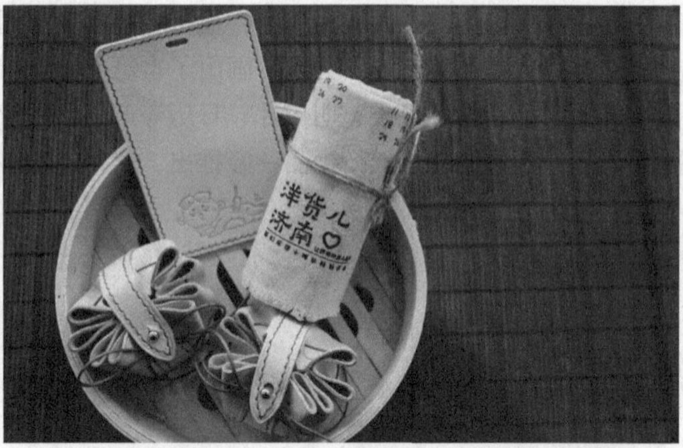

图 7-3-4　洋货儿济南市井改造计划四

图 7-3-5　洋货儿济南市井改造计划五

为了能够做出具有年轻气息的符合市场需要的产品，不仅仅是高校师生，城市中更多的年轻设计师也参与进来。在与艺术管理专业学生的合作下，经过定位、包装，符合“洋货儿”气息，被年轻人所喜欢的文创衍生品问世。艺术市场调研的理论知识结合社会实践的具体行为，为“洋货儿济南市井改造计划”

项目找到了一个很好的市场出口。

与社区商铺同时进行的，还有“济南菜市场 IP 打造计划”，从城市观察的角度来看，菜市场可窥见最本土的食材、居民最真实的生活模样，以及代表地方特色的饮食结构和风情。“洋货儿济南市井改造计划”通过打造属于济南的菜市场 IP，将菜市场的市井气息与审美情趣相结合，在方便市民生活的同时，吸引了更多城市人群，尤其是年轻人的目光，让更多人通过逛菜市场，体会在济南生活的趣味。首期城市菜市场 IP 打造计划中的衍生品，是由艺术管理专业学生、城市年轻设计群体与幼儿园孩童一起，通过专题项目策划，完成的命题创作。幼儿园幼童以“爱上菜市场”为题，画出了自己心中菜市场的模样。设计师提取画中的元素，制作环保袋、明信片、日历等产品，将童趣融合进城市气质，一并倡导环保购物的理念。衍生品一经推出，获得市场一致好评（图 7-3-6、图 7-3-7）。

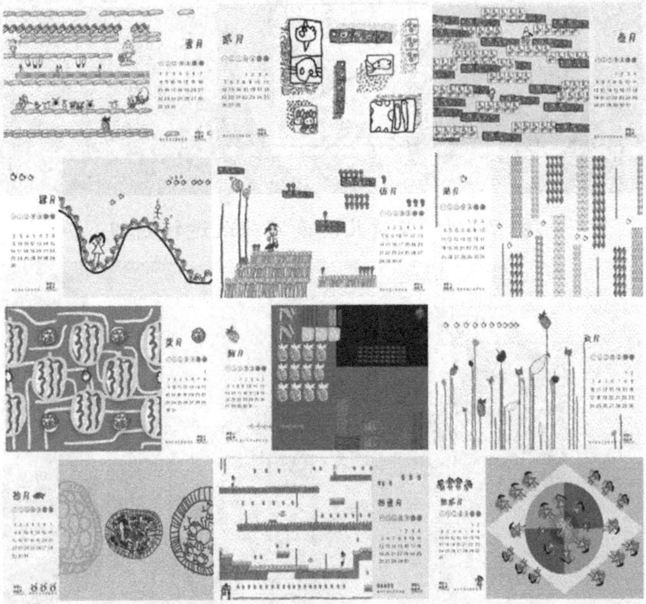

图 7-3-6　爱上菜市场一

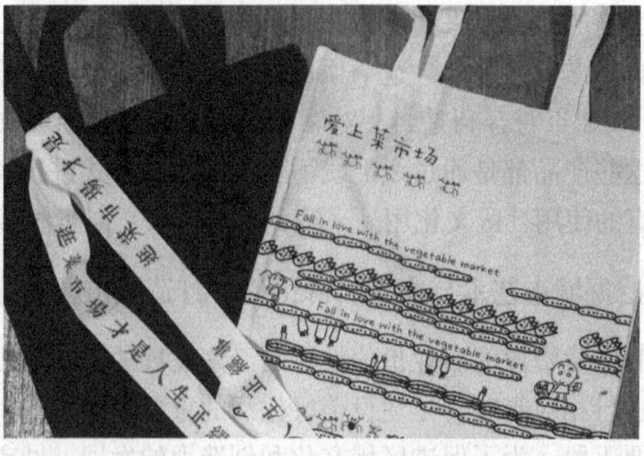

图 7-3-7　爱上菜市场二

城市公共交通承载了城市中大部分年轻人的生活出行，上学的青春、下班的疲惫、同行的欢喜、一个人的孤独……车厢里承载着很多人在这个城市的心情。“洋货儿济南市井改造计划”中的“城市共享交通设施改造计划”的第一批对象（图 7-3-8），以公交车为切入，对车体、车厢内部、车站进行改造，还搭建了具有这个城市专属性的线上有声平台，用“每一个人的声音”去讲述这个城市的故事，让市民出行的路上能感受到这座城市的善意与温度。

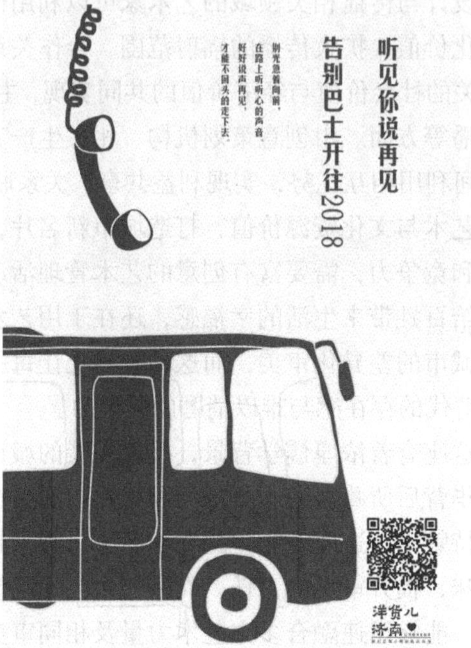

图 7-3-8　城市共享交通设施改造计划

整个项目实施的过程以采访配合纪实拍摄的形式记录下来。与改造同步完成的，还有来自“洋货儿济南”这个项目的本土原创衍生品的推出，如由设计师手绘完成的2018年新春利是封、对联套装以及属于济南城市公交车的专属共享雨伞等。这些产品都是通过线上线下全线推广的方式进行宣传的，有的选择众筹平台，有的使用社区文化用品采购，有的进入文创实体店面零售。

四、充分挖掘城市艺术与文化资源价值，打造城市新名片

城市艺术和文化资源的商业价值挖掘是经济发展的重要前提，充分统合这些资源并有效进行相应管理，是建设美好生活的重要组成部分，同时也是促进经济发展的重要手段。为了促进区域文化和创造力的发展，城市需要通过打造地域文化品牌来提升区域知名度并创造商业价值。

艺术和文化创意活动对城市人群的辐射作用是注意力经济的实现路径。艺术和文化活动可以增加人们的注意力，城市文创周边衍生品能够吸引游客到访以及增加他们在此停留的时间及花费，从而促进经济的可持续发展。加强艺术和文化部门与其他部门之间的有机联动是实现优势共享的助推器，艺术管理以艺术创意实践项目落地的方式建立多方资源的伙伴关系是促进经济发展的一种特别方式。特别是设计与传播相关领域的艺术家可以利用他们的专长来提高当地产品和服务的文化价值，扩大传播的辐射范围。合作关系通常始于或依赖于与设计领域密切相关的社会价值与经济价值的共同实现，主要体现在市场营销、旅游、文化品牌传播等方面。由创意策划机构、相关生产者、供应商、传播平台等内部各组织之间利用相互优势，实现利益共享、关系联动及经济倍增。

充分挖掘城市艺术与文化资源价值，打造城市新名片，让地域始终保有更加稳健的经济活力和竞争力，需要富有创意的艺术管理活动持续发生。城市发展的意义不仅在于给百姓带来生活的幸福感，还在于用艺术创意的方式打造一张城市名片，形成城市的差异化审美，而这种差异化让每一座城市都具有独特的魅力，形成无法替代的存在感与难以消磨的凝聚力。

以济南为例，这座有着浓厚儒学背景，极速发展的城市，吸引越来越多的关注目光，日渐繁华背后所藏匿的历史沉淀和文化内涵，在不断地传承与创新之间成为济南的独特魅力，这座城变得越来越新鲜，越来越有趣。艺术管理承担着为城市创造趣味，提升审美的责任。而最初由艺术院校师生发起的“洋货儿济南”系列活动，能够迅速融合多方艺术力量及相同审美价值观的人，他们在致力于推动本土原创艺术发展的同时亦希望提升艺术创意及创新的价值。

从“洋货儿济南市井改造计划”的八家社区便民店铺视觉优化到“济南菜市场 IP 打造计划”，再到“城市共享交通设施改造计划”以及 2018 年呈现的内容更为丰富的“城市关怀”“自然课堂成长”方案，艺术管理与设计、创意产品与创新、体验经济与公益，还有更多可能性。

汇集城市及各地设计人才的新颖、前卫创意，并为年轻人、艺术家搭建创意交流平台；举办不同的文化艺术与创意活动，吸引更多人前来参与体验和学习成长。“洋货儿济南”致力于让社会各界提升对创新的认识，重视艺术原创的力量，通过艺术管理的方式打造一张有着鲜明艺术创意属性的城市名片。

城市不是只有高楼大厦，还应该具备更加丰富的文化质感。每个人都可以用不同的方式在城市里找到归属感，对城市的拥有感体现在日常生活的细枝末节，作为城市的主人，应自然而主动地投入精力和资源去改善城市的审美状态，城市名片需要所有存在个体的共同打造。“洋货儿济南市井改造计划”的推广语为“我们在这里好好生活”，在一座城市里，每个人依赖着生活中的细枝末节，同时渴望美好生活发生在自己身边，并愿意为之付出，这样的社会就有了让每个人幸福的温度，城市更新的原动力也在于此（图 7-3-9）。

图 7-3-9　推广语

2018 年 1 月 20 日，“洋货儿济南城市生存体验优化”系列公益项目线下发布会在济南市中心一家民营美术馆面向公众呈现，近 200 人参与，联合发起机构 10 余家，关注媒体包括传统媒体、新媒体近 30 家。线下发布会发布一系列即将在 2018 年推出的城市生存体验优化新内容，这些项目在街道政府机构的大力支持下，整合更多社会资源，发挥企业优势，集合品牌势能，产生更为广泛的社会影响，持续打造属于济南的城市新名片。

作为教学的特色项目，“洋货儿济南”将作为一个品牌由一届又一届的学生接力做下去，这场由教学实践活动展开的，用艺术管理的方式打造的艺术创意社会实验，获得了社会各界的关注、支持与理解，已经具备了一定的社会影响力。将艺术管理专业学生的专业素质通过实干呈现给社会，这是教学形式的创新、教学内容的突破，更是艺术管理专业的社会责任所在。

第八章　文创品牌推广

第一节　审美价值的塑造——文创品牌的推广逻辑

文创品牌的推广方式更为灵活多元，依据品牌的内容以及创作人的理念进行核心创造力的表达，其依据的策划逻辑是审美价值的塑造。品牌推广的过程，是对文创产品或服务进行市场二次定位以及审美价值提升的过程。其中包括品牌推广的活动策划、文案策划、形象设计、视觉管理等丰富的营销内容制作，力求通过口碑营销、新闻营销、论坛营销、搜索营销、视频营销、微博营销、博客营销、网络活动、病毒营销、事件营销、新媒体营销等推广方式达到品牌知名度的提升，当然，文创品牌的推广要根据实际情况选择重点的方向，聚焦势能，突出特点。

审美价值是文创品牌最为重要的品牌资产。品牌资产有多重表现形式，核心是商标、字号，也包括版权、专利，可以是单一的资产，也可以是多样形式的组合。品牌资产化需要对品牌进行定期评估，可从财务、受众、市场三个维度来量化。只有品牌实现资产化，文创品牌才能形成真正意义上的品牌发展体系，进而建立可呈现的标准化的企业品牌识别系统。在品牌得以载体化、资产化后，为了保证品牌资产的保值增值以及资产收益最大化，经营者需要思考如何去做好品牌管理和运营。品牌运营是从产品经营、资本运营发展而来的，其实质是把品牌作为企业的资本和资源，充分利用其巨大的效用和内在价值，全面提高企业的整体竞争实力。它是一个动态的系统工程，也是个闭环系统。文创品牌要通过审美价值的提升打造文创品牌的差异化。文创企业有着轻资产运营的独特优势，同时品牌资产化运营也有其特殊性。第一，以产品经营为基础。品牌资产以产品为依托，品牌资产运营同样无法超越产品经营这一实物形态，要想创立、发展品牌，并发挥和利用品牌价值，必须通过差异化的产品打动消费者、占领更大的市场，从而有效强化品牌。第二，品牌资产的有机更新。通过品牌推广、品牌发展、品牌创新树立品牌形象、实施发展战略、增强企业核心竞争力，同时可以利用品牌培育品牌文化，增强团队凝聚力。第三，多层次的经济活动。品牌资产化运营的最终落脚点是品牌效用和价值的开发，通过多层次、多形式的市场经济活动，实现资本增值。（1）品牌特许经营。品牌特许经营是指企业将其品牌使用权出让给受许人，在此过程中，企业不仅能收取品牌使用费，而且能使品牌实现低成本的快速扩张、整合社会资源，不断渗透，是优化、整合营销网络的有效途径。（2）品牌拓展融资渠道。《国家知识产权战略纲要》明确提出，推进知识产权质押融资工作，完善知识产权质押评估管理体系，支持企业创新发展。随着融资模式的发展创新，以品牌质押获得金融机构授信已逐渐成为重要融资手段。特别是轻资产行业，没有足够的固定资产作抵押，而品牌融资能有效实现资金流动。（3）品牌资产资本输出。《中华人民共和国公司法》规定，商标等无形资产出资最高可达公司注册资本的70%，大大提高了智慧成果的转化效率。企业利用品牌优势参股或控股，不但能以少量的资金投入获得数倍于他人的资本，还能利用企业资源，实现与合作方的业务协同，优化产业链布局，打造立体化的产业生态圈。由此可见，文创品牌的推广是一个有前提的行为，或者说，文创品牌的推广工作的基础是文创品牌的系统建立。

在文创品牌的传播推广中，审美价值的体验提升是品牌再造的过程。让文创产品为美好生活服务，重塑生活方式，也是品牌传播过程中需要关注的重点内容。尤其是文创品牌擅长通过跨界的形式与其他资源进行整合，从而利用文创以及艺术的方式呈现出全新的产品体验。好的文创产品是能为提高人们的生活品质而做出积极的贡献的，尤其是与旅游资源结合的旅游文化创意产品，已成为大多数旅游景区及博物馆、文化馆、纪念馆等场所的标配。旅游产品不仅是地方特色文化的有效载体，也成为文化新亮点、新卖点。

文创品牌的推广由内容和载体两部分构成。其中，文创品牌推广的内容应该从品牌文化的品牌故事、产品特点、产品用途等方面进行策划及创意。文创品牌承担着为文创产业拓宽市场路径的责任，从我国国情出发，在相当长的一段历史时间里，市场把纪念品、工艺品、农副产品理解为纯粹的礼品或者旅游商品，而人们生活所需的生活类工业品没有被纳入文创品牌的认知体系中，以至于各地开设的特色文化礼品店、旅游商品店主要是售卖单纯强调审美意味的纪念品、工艺品。而对于“特产”的认知，也只停留在农副产品上，所以“土特产”成为相当长历史时期里的一个大家认知度较高的地方产品特有名词。而随着时代的发展，有些文创产品的实用化需求被强调出来，尤其是在旅游市场的开拓过程中，文创品牌与工业化产品的跨界组合，强有力地捕捉到了市场带来的新的机会。此外，地域特色的符号化提炼，让文创品牌通过差异化提升核心竞争力。文创产业发展在赢得机会的同时，也带来盲目化跟风的现象。很多文创品牌看上去大同小异，材料使用重复，品牌创意雷同，且缺乏支撑品牌的合理包装。文创品牌的传播需要强调文化附加值，在传播的内容生产中，要体现情感的力量以及艺术表达的独特方式。

文创品牌的传播形式需要更加贴近生活本身，在国内的文创产品以及服务的销售中，生活类工业品所占的比重逐年上升，为提高生活品质而研发文创产品，是文创品牌能够实现快速发展的必然趋势。

第二节 博物馆文创推广带来的启示

近年来，在国家政策的大力扶植和引导下，国内文博机构文化创意产业迅猛发展，博物馆文创产品如雨后春笋般出现。通过创新研发模式，培育出叫得响的文创品牌，借助博物馆文化产业挖掘产品价值链，可以实现博物馆社会效益和经济效益协调发展。但目前国内博物馆文创品牌的发展仍处于初级阶段，着力研发文创产品，打造文创品牌，对文化市场进行引领和示范具有重要意义。“十三五”规划提出，文化产业将成为国民经济支柱性产业。在此背景下，依托文物资源开发的创意产品，是弘扬中华优秀传统文化的重要载体，是培育社会主义核心价值观的生动教材。十九大报告指出：“要继续推动文化事业和文化产业发展，加强文物保护利用和文化遗产保护传承。”为此，要大力弘扬中华民族优秀传统文化，必须加强文创产品开发的能力建设，打造和发展有价值的文创品牌体系。要支持文创产业发展，打造具有竞争力的文创品牌，挖掘中国文化中最精髓、最有温度的部分，并用现代设计理念和营销手段去传承发展，这有利于推进文化供给侧结构性改革，催生更高起点、更高质量的文化市场体系和公共文化服务体系，不断满足人民日益增长的美好生活需要。要鼓励社会力量与文物博物馆单位深度合作，或通过网络众筹、众包等方式，针对文物博物馆单位具有代表性的文物与博物馆藏品资源，广泛应用多种载体和表现形式，开发兼具艺术性、趣味性和实用性，满足现代生活需求的文化创意系列产品，打造文化创意品牌。在网络技术迅猛发展的今天，博物馆也应融合当下流行趋势，探索更多亲近公众的形式，并用互联网对文创品牌进行立体推广。在激烈的市场竞争中，博物馆要发挥自己的资源和人才优势，抓住文创产品生产链中附加值最高的研发环节，通过合作开发、授权和特许经营等形式，开发出有创意、有内涵的产品，形成博物馆占主导的文化产业链条，打造和发展文创品牌，从而实现经济效益和社会效益融合发展的新业态。

在创建和培育文创品牌方面，西方发达国家博物馆已走在世界前列。西方博物馆的文创产品被称作博物馆衍生品，目前发展已较为完善。例如，法国蓬皮杜国家艺术和文化中心将艺术衍生品的设计开发授权给法国巴黎春天设计中心，并拥有独立设计师文创品牌；近年来大英博物馆与多家品牌跨界合作，以艺术品之名推出了种类多样的联名设计（图 8-2-1）；美国现代艺术博物馆与优衣库合作，将馆藏著名的艺术家作品印为 T 恤图案，化身成一系列的时尚单品。国外博物馆一方面借助知名品牌的影响力推广自己的品牌和文化，为文创产品的品质和销售提供保障；另一方面，通过艺术授权和独立开发相结合，围绕馆内藏品推出系列化的文创产品及周边，可以看到其背后整个团队完整而生动的品牌策略。从整体上看，当前我国博物馆文创产业的发展和文创品牌的建设仍然停留在初级阶段。很多博物馆已开始重视博物馆社教活动和展览品牌的创建。但博物馆往往忽视了文创产品品牌的创建、培育和保护。自博物馆免费开放以来，国家或地方财政经费作为其主要运营资金，规定专款专用，在文物收藏、保管、展览及基础建设等方面投入资金相对充足，但对资源的配置还需要进一步调整与完善。虽然国家近几年出台系列扶持政策，但公立博物馆受制度制约，仍不充分具备自身造血功能。国内绝大多数博物馆的选人用人机制主要基于博物馆保管、陈列等基本功能展开，对引进具有丰富文化产业专业知识、擅长文化产品品牌营销的专业人才尚未加以重视，以致博物馆文创产业出现人力资源紧缺现象。欧美国家博物馆文创品牌的研发主要基于博物馆的藏品、展览和跨界合作。从藏品中获得灵感，把使文物藏品“活”起来作为博物馆文创品牌研发的重要方向；在展览策划、社教活动中增加文创产品的研发环节，使博物馆活动助推文创品牌的成长；与知名品牌开展跨界合作与营销，注重增加观众与产品之间的文化体验。

图 8-2-1 大英博物馆衍生品

博物馆文创的推广方式本身也是商业模式的探索与建立，我国博物馆丰厚的文化资源具有转化为品牌资产得天独厚的条件，博物馆培育和发展文创品牌也应走内部培育与外部合作相结合之路。在推广的过程中，要强调文创产品独具个性并兼顾排他性。发展博物馆文化创意品牌要立足于各馆独具特色的文化资源，找到文创品牌的差异点即独特性，让藏品成为博物馆的重量级 IP 资源，为品牌的知识产权创造可以溢价的成长空间。例如，中国台北故宫博物院提出了“OLD IS NEW”的核心理念，运用品牌化推广的方式重新塑造博物馆的平台价值。从馆内藏品、临时展览等方面采集设计灵感，提取中国古代历史、非洲艺术、美国艺术、自然史等各类元素，开发出主题鲜明的文化创意产品，让古老文化现代化，体现了开放、自信、包容的品牌形象，很好地展现了品牌定位和价值观，形成了充满个性的博物馆文创品牌。此外，融合现代感并兼顾代际性。博物馆文创品牌的研发要在确保产品质量和制作工艺的基础上，创新融合深受人们喜爱的新鲜元素，并确保文创品牌的顽强生命力。例如，小黄鸭已经成为英国人日常可见的洗澡专用玩具，承载了很多英国人童年的记忆。大英博物馆推出的小黄鸭限量珍藏纪念版，融合英国本土文化和流行文化于其中，或装扮成古埃及的狮身人面像，或头戴印第安人羽毛的头饰，成为博物馆文创品牌打造的系列产品中深受世界范围市场喜爱的“明星”产品，也为大英博物馆培养了新一代的忠实粉丝。

文创品牌的传播是满足消费需求和情感输出的互动过程。发展博物馆文创品牌要突出产品种类丰富的特点，满足各类消费群体的购买需求并成为情感寄托。例如，湖北省博物馆与荆楚工坊合作，从满足旅游纪念和青少年文化教育的角度出发，选择馆藏经典文物元素，融入玩具的乐趣讲述文物背后的故事，设计了《发现湖北考古发掘系列》DIY 风格的创意产品，倡导自己动手体验湖北考古发掘。在甘肃敦煌研究院，敦煌色系口红、莫高窟壁画动画、丝巾型染等产品均实现了定制化服务，使敦煌艺术“日常美学化”走进了千家万户（图8-2-2）。活动营销的方式是让互动体验成为推广最有利的抓手，使品牌在重塑的过程中获得良好口碑。不仅如此，利用展览打造文创品牌也是现在运用较多的推广形式。临展或特展是博物馆活动的重头戏，是增加博物馆吸引力，为博物馆带来更多联动效应的重要引擎。2017 年，“古埃及：法老与神的世界”大展开幕，国内多家文博界知名机构精心打造，古埃及众神系列产品等最为热销，成为把博物馆带回家的最好诠释。2019 年“IP 王”故宫又一次狠狠地收割了流量，推出的“紫禁城里过大年”火爆了整个春节。7 天时间里，在严格限流的情况下，50 万名游客涌向故宫，已经到了“一票难求”的程度（图 8-2-3）。

图 8-2-2 创意产品

图 8-2-3 故宫游客

谈及故宫文创的品牌传播策划，堪称国内文创产业的教科书级别案例。先是通过电视媒体进行推广，《上新了·故宫》《国家宝藏》第一季、第二季两档综艺节目相继热播，人们对博物馆的兴趣空前高涨。据统计，2018 年故宫游览人次首次突破 1700 万人，稳坐“世界上参观人数最多的博物馆”之位，基本实现“旺季不挤、淡季不淡”。不仅于此，故宫还进军彩妆界时尚圈，让人惊艳。近些年，故宫文创总能“脑洞大开”，从朝珠耳机到故宫日历，从帝王折扇到“御膳房”冰箱贴(图8-2-4)……借助网络营销推广，上市的新品成为“网红”几乎成为必然，以至于有粉丝调侃:“一入宫门深似海，从此钱包是路人。”受到故宫文创品牌的带动，全国的博物馆都在设法绽放魅力。2019年，在“博物馆里过大年”也成为新年俗。在故宫，有885件（套）年味文物，首次复原的“天灯”“万寿灯”，将整个故宫展区装点成文化展示的场所，“祈福迎祥、祭祖行孝、敦亲睦族、勤政亲贤、游艺行乐、欢天喜地”六大主题全面展现了中华民族历代相继的传统礼俗。“中华老字号故宫过大年展”汇聚了来自山东、北京、天津、山西等10个省（市）以及5家非物质文化遗产传承人的150家老字号，使观众体味到民间老字号与宫廷文化的悠久渊源。不仅如此，故宫博物院通过对历史资源的挖掘，和现在人们社会生活中的文化需求相联系，不断推出人们喜欢的一些主题和系列展览，举办各种主题活动，发挥故宫教育场所的功能。2018年，故宫网站访问量是8.9亿人次。通过互联网技术、数字技术、数字产品，对更多的观众开放，利用高科技手段与平台让文创品牌的传播更具潮流感与时尚感。故宫的网站每天都在更新，受众为了获得品牌活动的最新动态会不断点击刷新。故宫博物院充分利用资源讲好文化故事，为品牌的审美价值注入了丰富的文化内涵。

图 8-2-4　帝王折扇

除了文创产品的研发与主题活动的策划与落地，文创品牌在新型文创空间的打造中也有了进一步传播的机会，2017年年底，在故宫神武门外，挨着紫禁城的城墙根下开了一间故宫角楼咖啡厅，为观众提供养心咖啡、康熙最爱巧克力、三千佳丽奶茶、佛手香茗、一骑红尘妃子笑——荔枝红茶等透着“宫”味儿的创意饮料。咖啡店所在的位置曾经是故宫的办公用房，这里已改造成“文创街”，让观众无须进入故宫，也可近距离享受到故宫的文化，尤其是故宫闭馆之后，也有机会购买到故宫的文创产品等。故宫角楼咖啡厅就专门开辟了一个展区，集中展示《千里江山图》的扇子、以宫藏文物为封面的笔记本、故宫日历等小件精致文创产品。这些有效的传播手段，让故宫文创品牌进入消费者的日常生活，并以系统的方式呈现文创品牌自身的审美价值（图 8-2-5）。

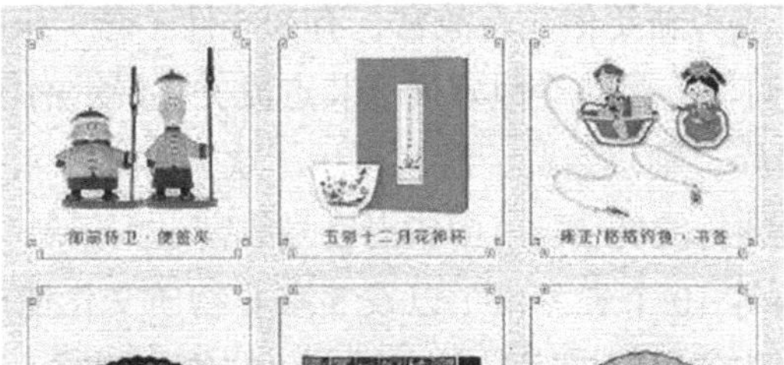

图 8-2-5　故宫文创产品

第三节　文创品牌的推广活动策划

越来越多的文创品牌，不仅从营销方式，更从产品打造到商业模式上进行全面转型升级。文创品牌的推广活动策划成为商业模式成立的依据与前提，并为提升文创品牌的核心竞争力提供更多优质机会。结合诸多成功案例的经验，文创品牌的推广活动有以下特点：（1）业态组合跨界合作。文创品牌应以不同姿态和形式参与更多内容的文化市场，提高文创产品与服务大众之间的关联度，并配合先锋书店、主题餐厅、创意市集、大型商贸中心等多元业态进行跨界营销；融合音乐、集合在文创和设计领域具有权威性和品牌效应的文创品牌，集中向公众展示并销售，展开文化创意与其他业态的良性互动。（2）缩短市场培育时间。让文创品牌的产品与服务能够快速面世，并尽快投入市场，有助于产品升级和品牌迭代。有效缩短培育周期，增强新鲜感，引发消费者更多即兴消费，直接实现向盈利过渡，产品的品质也实现了转型升级。并且同一文创品牌的垂直领域深耕或不同系列的横向延展也为传播活动的主题推展提供依据，有助于文创品牌推广活动的常态化及可持续性。（3）通过更多媒介互动建立与消费者尤其是年轻消费者的情感联结。多媒体技术营造出的沉浸式体验被越来越多应用在商业、娱乐场所等。文创品牌的推广活动，尤其是文化资源活化以及原创 IP 活动的设计，借助沉浸式体验装置，开辟互动场地、开发活动项目，强调观众互动参与的社交属性，使用科技手段引导参观者游走在虚实交错的感官之间，将展览内容通过互动展览与智能科技的创新融合，为后续文创品牌的宣传和推广注入新活力，打开新通道，以取得装置体验和品牌推广的双赢效果。（4）聚焦小众文化。社会文化内容的激增，赋予和满足年轻一代对社会活动个性化的需求。文创品牌在打造“亚文化”潮流空间上有得天独厚的优势。结合各文创品牌特点，利用自媒体平台传播正面“爆点”事件，营造“网红”地标，打造文创品牌的传播价值，并制造正向话题进行分众聚焦扩散。

同时，文创品牌推广活动策划应注意把握如下原则：

（1）活动内容准确定位，迎合市场的需求。在市场分化的今天，任何一家公司和任何一种产品的目标顾客都不可能是所有的人。文创产品同样有政商礼品、旅游产品、大众纪念品之分，也有高端、低档、大众化等之别，消费者在年龄、身份、收入和文化程度等方面的消费意愿也有很大的差异。在研发时，首先要根据自己的优势，确定所选择的目标市场，弄清楚产品主要服务什么样的群体，什么层次的客户。同样，在做品牌推广活动策划的时候，也应该针对目标客户群体进行内容设计，包括能够准确传递送达信息的方式与渠道。

（2）文创品牌需要有多样的文创产品及服务进行支撑，同步发展并相互促进。无论是传统的旅游纪念品、工艺品、农副产品，还是新型的生活类工业品，它们既有各自的发展方向，又在互相促进，不断创新。文创产品的研发更贴合实用化、生活化方向发展。同时，文创品牌的影响力也为那些冷冰冰的工业品提供审美价值的附加溢价，在保留实用性的同时，更有艺术性、观赏性与收藏性。

（3）文创产品的视觉设计输出是突出品牌特质的最有效推广方式。令人眼前一亮的海报设计、文创产品包装以及活动推广视频，这些可以统称为文创产品的视觉设计。通过审美价值的品质传递，让消费者感受到文创品牌的核心竞争力表达。

（4）文创品牌与地域文化及旅游资源的深度结合。现在很多文创品牌已经开始与地方政府、旅游景点结合来进行产品销售，包括组织文创市集、打造主题街区、美陈场景等。这些都有效地提高了文创品牌的体验度，并拓展了推广活动的活跃时空。

（5）文创品牌的推广活动与新媒体技术平台融合。借助融媒体资源进行全方位媒介的推广宣传，通过短视频及直播播主的流量变现推广文创品牌，从而促进产品销售及服务体验的落地。

第四节　文创品牌推广案例——深圳蛇口“芒草节”

从 2016 年夏天，深圳蛇口 G&G 创意园开始了“芒草节”，形成了数万人一起在城市里过节的习惯，有了一个新词“芒粉”。从那时起，“芒草”这种活泼可爱的小精灵，进入了芒粉的视野，有狼尾草、小兔草、细叶芒。它们很会衬托芒粉的美，芒粉也叫得出它们的名字，并且这样形容：柔美坚韧、低调嗬瑟、亦枯实荣、生生不息。芒草节，是从无到有自主自创 IP 的一个重要测试项目，是面向市场和拥抱粉丝的窗口，更是献给深圳市民的珍贵礼物。芒草节作为极有影响力的生活方式节获得了广泛赞誉和认同，也让沉浸其中的整个团队获得了满满的自豪和暖暖的感动。两年时间，芒草节从开始的“美食集市”，到今天朝向“中国第一新生活方式节”的目标全速迈进（图 8-4-1）。

图 8-4-1　深圳“芒草节”

芒草节经历了五次升级，芒草节 1.0——G&G 粉丝美食狂欢季、芒草节 2.0——食物恋、芒草节 3.0——深圳 de 味道、芒草节 4.0——集放肆、芒草节 5.0——美好生活的快乐提案。从最艰难的芒草节 1.0 和 2.0：找创意商家难，找媒体难，找粉丝难。到如今芒草节一呼百应：一个号召，数百位共创伙伴双手报名，小伙伴们的任务转变成挑选和创意激发。从最开始担心没有客户来，到今天吸引了越来越多的铁杆芒粉，带着亲朋好友反复来。芒草节作为城市文创活动的品牌性极尽彰显，实现了从“喧嚣热闹的嘉年华与城市狂欢节”的芒草节节庆版，到“有主张的 / 渗透式融入生活”的芒草节生活方式版的转换。一个“慢悠悠的好生活”的主张，呈现出生活方式的多样性提案；幸福瞬间成为最美最有温度的场景；全龄化、全时间段、无国界、超物种，漂洋过海来交流，而小动物们则盛装出席来过它们的芒草节；社交网络全媒体互动与反复刷屏，这些网红达人除了“打卡”，还召唤着朋友们一起来，反复来，甚至把这份开心和律动，一路带回家。芒草节 6，芒粉们的停留时间、人均消费、沉浸的舒适感，都创新高。芒草节已经成为芒粉们心里“活的存在”。有所得、有启发、有对味、找到感觉、点亮小火苗，这就是“柔美坚韧、低调嘚瑟”的芒草节要做的事，但这个文创品牌带给城市的不只这些（图 8-4-2）。

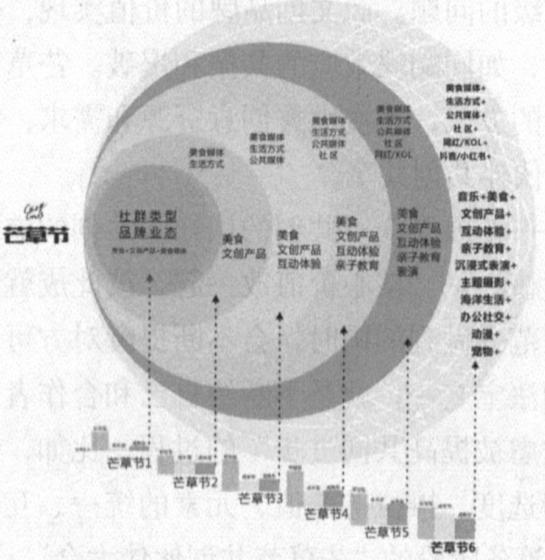

图 8-4-2　芒草节 1-6

注重价值观的输出，把“幸福”播种在新生活方式领域：用创意实践和传播生活美学，创造前所未有的体验，激发幸福和快乐。以此连接创造者和消费者，实现从创意到商业价值的转化。文创品牌的核心做好一件事：唤起对于幸福的感知，做好人和事的连接。“好创意让生活更美好”的使命，将渗透在每一个触点、每一次活动和每一个项目中。芒草节，正是连接创意品牌和消费者的桥梁之一。

文创品牌传播——唤醒受众对于价值的认知。能投射在人心里的那个分量和行动上的积极改变，是真的价值，是不可取代的精神刚需。越多人喜欢，越多人需要，越有价值。所以，创造了多少幸福和快乐，是可以被衡量的。芒草节制是芒粉们的狂欢节，38 度的炎炎烈日，从城市四面八方赶来的芒粉们，一只只大大小小黑黑白白的手，开心盖上“幸福快乐的芒草节通行章”，就这样开始了一场幸福的集体约定，家庭聚会、朋友约会、一个人的狂欢，都在这里。芒草节成了孩子的成长礼、成了一年一度必赶的集、成了情感抒发的场域。

不仅如此，芒草节是共创伙伴们展示的平台。参加前几届芒草节的初创品牌，早已晋级为成长型品牌（指存活期两年以上，在行业里处于领先地位）。互联网解决的是方便快捷，可有些事就是不能快、需要面对面完成，线下的活动促成真实消费。洞察消费力、研究模式、挖掘品牌明日之星，在这应该看到商业该有的样子。芒草节得到政府相关管理部门的大力支持，市民其乐融融，幸福融入街区的每个角落。这是美好生活体验者促成的社会价值的正向传播。文创品牌能在人的心里和行动上留下印记，能创造实实在在的价值，是实现美好、幸福和梦想（这份精神刚需）的第一生产力。把这个价值和产业做对接，就解决了产业转型升级的问题。而文创品牌的价值实现，一定是以“成团成网成阵列”的生态方式，如同蝴蝶效应的共振和爆破。芒草节以“连接、创造、孵化、测试、共创”的方式，连接优秀创意资源和需求，构建文创产业生态价值网，让所有参与的伙伴共创共享。

文创品牌传播——拓展受众对共创的认知。共创的前提是“共同看见和合作的决心”。共创的核心是“核心价值放一起，彼此成就”。好的合作者在给自己定高标准以身示范去做到的同时，会不断提醒对方可以更好。芒草节策划团队越来越有信心的法宝之一，就是不断给自己和合作者提出更高的要求。合作者也享受这个“被虐被提高共同进步”的过程。比如，每次芒草节都在主题的契合度、产品的精选度、摊位的颜值、元素的统一、互动的创新度方面有越来越规范的要求。而筹备阶段的“芒草节共创伙伴大会”，已经从最开始的“认为多此一举”，成为今天所有参与团队期待的“幸福感召和创意风暴会”。这种相互成就、共同进步的共创，是非常美好的。好的共创是需要被保护和滋养的，需要制度的约束与管理。把责任、权利、标准、分享方式梳理清楚，是对双方信任的真正珍惜。有了制度和共识，遵循“先法、再理、后情”的解决问题的步骤，会让沟通容易、决策简单，让双方花更多精力在事上做突破。

文创品牌传播——将艺术体验与项目运作充分结合。组织和调动合作资源，每一步都要落到点子上。在动态变化中，整体观看全局和每个要点的推进情况。芒草节属于大家，属于每一个心中有美好的人。文创品牌的核心力量总与表达对生活的智慧和耐心有关，文创品牌推广的意义在于让更多志同道合的人一起相聚在同一个平台共谋发展，找准方向、笃定深耕。芒草节的品牌传播活动让经营美好梦想的系列行动变成现实，让更多人通过节日氛围的感受，活动的体验去加入共同创造的团队，实现品牌的最终价值，成为美好和幸福的启发者、创意价值的转化者，完成创意让生活更美好的使命。将艺术体验与项目运作充分结合的方式，在让商业模式市场价值的实现成为可能的同时，还对文创品牌的发展空间做了更有效的拓展，品牌的成长伴随活动的不断升级，其影响力也会越来越大。

参考文献

[1] 程宇宁．品牌策划与推广——策略规划与整合传播的流程、工具与方法 [M]．北京：中国人民大学出版社，2016.

[2] 李雅林．文化创意产业与产品传播的媒介发展路径研究 [M]．沈阳：沈阳出版社，2019.

[3] 李思屈，李涛．文化产业概论 [M]．杭州：浙江大学出版社，2007.

[4] 包亚明．后大都市与文化研究 [M]．上海：上海教育出版社，2005.

[5] 马蒂·斯克拉．造梦者：迪士尼如何点亮神奇的创意 [M]．冷迪，译．杭州：浙江人民出版社，2016.

[6] 约翰．霍金斯．创意生态：思考在这里是真正的职业 [M]．林海，译．北京：北京联合出版公司，2011.

[7] 沈婷，郭大泽．文创品牌的秘密——从创意设计到营销 [M]．南宁：广西美术出版社，2017.

[8] 屠曙光．设计概论——现代艺术设计的观察与剖析 [M]．南京：南京师范大学出版社，2009.

[9] 魏鹏举．文化创意产业导论 [M]．北京：中国人民大学出版社，2010.

[10] 康路晨，胡立朋．项目管理工具箱 [M]. 北京：中国铁道出版社，2016.

[11] 范周，齐骥．2018 中国文化产业年度报告 [M]. 北京：知识产权出版社，2018.

[12] 哈艳秋，桂清萍，张琳．中国广播电视文化创意产业发展策略研究 [J]．现代传播（中国传媒大学学报），2007（5）：105-109.

[13] 厉无畏．健全与完善文化市场，促进文化创意产业发展 [J]．天津社会科学，2014（3）：96-99.

[14] 杨蕊伊．A 博物馆文创产品营销策略研究 [D]．西安：西北大学，2016.